AF559314

NATURKOSMETIK SELBER MACHEN

Wie Sie ganz einfach diverse Kosmetik Produkte, Hautcremes, Seifen, Duschgele, Shampoos, Massage Öle, Raumdüfte uvm. selbst herstellen – inklusive vieler Rezepte

INHALT

Das erwartet Sie in diesem Buch 1

Was braucht die Haut? 2

Aufbau und Funktion der Haut 2

Der Aufbau des größten menschlichen Organs 2

Die äußerste Hautschicht – Epidermis 3

Die inneren Hautschichten – Dermis und Subkutis 4

Die Funktion der menschlichen Haut, dem größten Organ 6

Die Haut im Alter 11

Warum Naturkosmetik? 20

Was ist der Unterschied zwischen herkömmlicher Kosmetik und Naturkosmetik? 22

Naturkosmetik und die verschiedenen Hauttypen 25

Typ I 25

Typ II 26

Typ III 26

Typ IV 26

Typ V 26

Typ VI 27

Die Bestimmung des eigenen Hauttyps 27

Welche Inhalte sind in der Naturkosmetik enthalten? 37

Stoffe, die nicht in Naturkosmetik enthalten sind 37

Naturkosmetik aus der Küche? 53

Wichtige Verhaltensweisen zur Naturkosmetik 73

Naturkosmetik löst die industrielle Kosmetik ab 85

Bonus: 50 Rezepte 87

Gesichtsmasken 87

Gesicht- und Körperpeelings 97
Cremes & Lotions 107
Badesalz 122
Lippenpflege 132
Quellenverzeichnis 137

Das erwartet Sie in diesem Buch

Kosmetik hat einen wichtigen Stellenwert in der Gesellschaft, ob dies in der antiken Vergangenheit der Fall war oder im heutigen Zeitalter. Immer wichtiger wird vor allem für junge Menschen ein gutes Aussehen, denn ein gutes Aussehen bringt das mit, was man sich wünscht, nämlich Aufmerksamkeit, Beliebtheit, Erfolg und Glück. Das Schönheitsideal verändert sich jedoch von Land zu Land. Während in Japan die Frauen einem bestimmten, relativ strengen Schönheitsbild folgen müssen, um keinen gesellschaftlichen Abstieg zu erleben, ist in anderen Ländern, insbesondere in Deutschland, ein breites Band an Regalen für Kosmetik in Drogerien zu finden. Kosmetik ist auch ein Begriff, der für Sauberkeit, Gepflegtheit und Wohlbefinden steht. Jeder will schön sein. Selbst für Männer ist die Körperpflege und die Kosmetik an sich ein extrem wichtiger Bestandteil. Viele gehen nicht einmal ohne Make-up, die richtige Frisur oder dem richtigen Outfit vor die Tür. Dieses eitle Abbild des Menschen innerhalb der Gesellschaft wird dabei zwiespältig betrachtet, da das Schönheitsideal auch übertrieben wird. Spindeldürre Models, Frauen, die sich mehr Make-up ins Gesicht schminken als notwendig, haben Probleme, sich öffentlich abzuschminken, was ein interessantes Experiment einer Fernsehmoderatorin deutlich machte.

Die Haut ist ein empfindsames Organ und braucht viel Zuwendung und Pflege. Die aggressiven Mittel, die auf die Haut aufgetragen werden und damit ihren natürlichen Säureschutzmantel negativ beeinträchtigen, werden jedoch Stück für Stück von Produkten ersetzt, welche sich der natürlichen Pflege widmen. Dieser Ratgeber soll Ihnen Tipps und Hilfe geben, auf einfache und günstige Weise Ihre Haut zu pflegen, denn viel Make-up bringt eine schlechte Haut mit sich, während die grundlegende Pflege der Haut bis ins hohe Alter ein gutes Aussehen garantiert.

Was braucht die Haut?

AUFBAU UND FUNKTION DER HAUT

Anhand der Haut lässt sich jeglicher Gesundheitszustand erkennen. Wird die Haut gelblich, deutet dies auf eine Gelbsucht hin und auf eine Lebererkrankung. Auch eine unreine Haut deutet entweder auf minderes oder auf höheres Unwohlsein des menschlichen Körpers hin. Die Haut ist ein Organ, welches sich über den ganzen Körper erstreckt und sie ist gleichsam sehr empfindlich, anspruchsvoll und pflegebedürftig. Die Haut empfängt alle Einflüsse der Umgebung, ob diese nun positiv oder negativ sind. Negativ in dem Sinne, weil Giftstoffe wie Abgase, chemische Stoffe und vieles mehr die Haut belasten, wozu auch Make-up zählt, welches die Poren verstopft. Und positiv in dem Sinne, dass die Haut sehr gut die Nährstoffe der zugeführten Pflege aufnehmen und verwerten kann. Mit einer Fläche von fast 2 qm ist die Haut damit das größte Organ des menschlichen Körpers. Eine Erkrankung der Haut wirkt sich nicht nur auf den Rest des Körpers aus und umgekehrt, sondern auch auf die seelische Gesundheit. Sowohl das Selbstwertgefühl als auch das Selbstvertrauen hängen stark davon ab. Eine gesunde Haut ist also wichtig, um gleichsam das seelische Heil zu erhalten und zu halten.

Der Aufbau des größten menschlichen Organs

Die Haut unterliegt einer stetigen Veränderung. Grundsätzlich besteht die Haut aus mehreren Schichten und jede Schicht hat ein eigenes Aufgabengebiet. Aufgeteilt in drei Schichten, der Epidermis, der Dermis und der Subkutis, besteht jede der Schichten aus noch mehr Schichten, die wie in jedem Unternehmen bestimmte Aufgaben übernehmen. Neben Hautanhangsgebilden wie Follikeln, Talg- und Schweißdrüsen sind unzählige Variationen an Aufgaben für Ihre Haut vorgesehen. Ist die Funktion der Haut gestört, treten immer Probleme auf, welche stets sowohl körperlich als auch seelisch und psychisch sind.

Die äußerste Hautschicht – Epidermis

Diese Hautschicht ist der täglichen Berührung, den tagtäglichen Umwelteinflüssen ausgesetzt und mit einem nahezu undurchdringbaren Schild an Bakterien übersät – zumindest, wenn die Haut keinen chemischen Zusätzen ausgesetzt wird. Das tägliche Duschgel ist genauso schädlich für den natürlichen Schutz wie das Shampoo für das Haar. Damit werden die reinigenden und schützenden Bakterien und Fettschichten beseitigt, wodurch ein erhöhter Schutz des Immunsystems notwendig wird. Durch die übermäßige Hygiene von vielen Menschen wird die Natur dabei vollkommen vergessen. Dies ist kein Freischein für Menschen, die sich nicht gerne der Hygiene hingeben, sondern eine Art Weckruf, dass die Haut sehr wohl auch selbstreinigende Funktionen mit sich bringt. Diese sollten eher unterstützt als vollkommen beseitigt werden – etwas, was die Naturkosmetik mit Leichtigkeit vollbringt. Naturkosmetik reinigt sanft, ohne den natürlichen Schutzmantel der Haut zu eliminieren.

Die erste und oberste Hautschicht besteht selbst aus fünf unterschiedlichen Zellschichten, welche in Folgende eingeteilt werden:

1. Stratum basale – die Basalschicht:

Diese Teilschicht der ersten Schicht ist die Keratinozyten, eine Hornzellenschicht, die als die unterste Schicht der ersten Schicht funktioniert.

2. Stratum spinosum – die Stachelzellschicht:

Die Proteinfasern, das sog. Keratin, entsteht aus den Keratinozyten, welche die Fasern in spindelförmige Zellen umwandelt.

3. Stratum granulosum – die Körnerzellenschicht:

Der Ablauf der Keratinisierung fängt damit an, dass eine Produktion der Granula, also den kleinen Körnchen, anläuft. Diese Körnchen werden auf ihrem Weg zur obersten Hautschicht, der Hornschicht (Stratum corneum), zu Keratin, aber auch zu epidermalen Lapiden.

4. Stratum lucidium – die Glanzschicht:

In dieser Schicht kann keinerlei Abgrenzung der Zellen erfolgen, da diese so dicht aneinander sind, dass sie völlig unkenntlich in der Differenzierung sind. Ebenso sind sie abgeflacht und vollkommen gedrängt.

5. Stratum corneum – die Hornschicht:

Die oberste Schicht der ersten Schicht ist die Hornschicht. Durchschnittlich besteht diese Hautschicht aus 20 Zellschichten, also aus abgestorbenen und gleichsam abgeflachten Hornzellen. Es erfolgt eine regelmäßige Abstoßung der Zellen, beispielsweise, wenn Sie nach dem Duschen Ihre Haut rubbeln, dann wird diese abgeschabt. Innerhalb jener Schicht befinden sich auch die Poren, welche gleichsam die Schweißdrüsen sind. Zugleich sind dort auch die Öffnungen der Talgdrüsen zu finden.

Diese Schichten haben die Aufgabe, die anwachsenden Prozesse der Veränderungen zu dirigieren. Der Prozess der Keratinisierung, sprich die Verhornung, entsteht, indem dieser Prozess durch die Hautschichten durchgeht und in der letzten Schicht der Hornschicht endet.

Die inneren Hautschichten – Dermis und Subkutis

Die unteren Hautschichten sind jeweils elastische, dicke Schichten der Haut, die trotz dessen feste Mittelschichten sind. Jeder Hautschicht besteht sowohl aus der unteren als auch aus der oberen Schicht innerhalb dieser Hautschicht.

1. Stratum reticulare – die untere Schicht der Dermis:

Die Dermis, eine Hautschicht, die auch Korium genannt wird, besteht in der unteren Schicht dieser Hautschicht aus einer tiefliegenden, wesentlich dickeren Schicht, welche für den Übergang zur Unterhaut der Subkutis als direkter Anschluss dient.

2. Stratum papillare – die obere Schicht der Dermis:

In der oberen Schicht der Dermis ist ein scharf begrenzter,

zapfenförmiger Übergang zur Epidermis vorzufinden.

In dieser Hautschicht sind das Kollagen und das Elastin existent, welche als Bindegewebsfasern für die Elastizität wichtig sind. Um eine junge, gesunde Haut zu haben, ist genau diese Elastizität notwendig. Als eine gelüstige, Hyaluronsäure enthaltene Basissubstanz sind die Fasern für ein wirklich hohes Feuchtigkeitsbindevermögen zuständig. Dieses Vermögen ist für den Erhalt des Volumens vonnöten. Dazu kommt, dass diverse Faktoren auch diese Hautschicht schädigen und verändern. Insbesondere der intensive Gebrauch eines Sonnenbades, aber auch sonstige Temperaturveränderungen, welche eher schwächere Veränderungen hervorrufen, haben sowohl eine positive als auch eine negative Auswirkung auf den Kollagen- und Elastingehalt, aber auch auf die grundlegende Struktur der Substanzen darum herum. Je älter man wird, desto mehr verlangsamt sich die Produktion von Kollagen und Elastin, womit die Haut ihr Feuchtigkeitsbindevermögen mehr und mehr verliert. Falten entstehen und die Haut altert, je mehr Sonneneinstrahlung sie trifft.

Subkutis, die innere Hautschicht, auch Hypodermis genannt, ist für die Speicherung von Energie zuständig. Sie isoliert und polstert den Körper gleichsam aus.

1. Adipozyten – Fettzellen:

Diese kissenförmigen Verbände wirken wie ein gespanntes Kissen, um die Haut zu polstern.

2. Septen/auch Seidewände – die speziellen Kollagenfasern:

Darin enthalten ist ein schwammartiges, lockeres Bindegewebe, welches eine Verbindung der Fettzellen darstellt.

3. Die Blutgefäße:

In dieser Schicht verlaufen die Blutgefäße der Haut, weitestgehend geschützt unter den anderen Schichten. Das Wunderwerk Haut erfüllt trotz des dünnen Durchmessers eine Bandbreite an Aufgaben.

Des Weiteren variiert die Anzahl der Fettzellen zwischen den Geschlechtern. Männer haben stets weniger Fettzellen als Frauen, was mit der Evolution und der Gebärfähigkeit der Frauen zusammenhängt, Notfallspeck für das Kind bereitzuhalten. Auch die Strukturen der Haut sind zwischen Männern und Frauen unterschiedlich, was dazu führt, dass es spezielle Pflege für Männerhaut und für Frauenhaut geben muss.

Die Funktion der menschlichen Haut, dem größten Organ

Die oberste Hautschicht der drei zusammengefassten Hautschichten hat die dringend notwendige Funktion der Reinigung. Die Hautgesundheit ist mit dieser Reinigungsart eng verflochten und sobald Lipide fehlen, bröckeln auch die Feuchtigkeit und die Schutzbarriere der Haut. Die Folge von häufigem Waschen mit aggressiven Mitteln ist also der Feuchtigkeitsverlust der Haut. Das raue, trockene und angespannte Gefühl der Haut wiederum kann mit dem Ausgleich der Feuchtigkeit der Haut regeneriert werden, wozu Wasser jedoch allein nicht ausreicht. Die natürlichen Emulsionen, bestehend aus Lipiden und Wasser, also Hautfetten und Wasser, sind für die Feuchtigkeit der Haut und deren Schutz mit verantwortlich.

olSie werden auch Hydrolipidfilm genannt, welcher sog. Sekrete von Schweiß- und Talgdrüsen nimmt und damit die Haut zu der Geschmeidigkeit führt, zu der sie kommen soll. Genau dieser Schild funktioniert im selben Schritt als natürliche Schutzbarriere gegen Bakterien und Pilze, was ein Test mit einem Mann mittleren Alters ergeben hatte. Er nutzte nach jahrelanger täglicher Verwendung von Duschgel und Shampoo ausschließlich Wasser und die Zuführung natürlicher Hautbakterien, die nach vier Wochen eine deutliche, körpereigene Reinigung der Haut vorgenommen hatten. Dadurch wurde u. a. nicht nur der Säureschutzmantel aufgebaut, sondern die Haut konnte auch den Wasseranteil regulieren. Dieser Säureschutzmantel ist zusammengesetzt aus Milchsäure, diversen Aminosäuren, bestehend aus Schweiß, aber auch aus freien Fettsäuren, die in den Talgdrüsen gebildet werden, sowie aus Pyrrolidincarbonsäure und diversen anderen Feuchthaltefaktoren auf natürlicher, körpereigener Basis. Diese Stoffe werden

aus der Keratinisierung gebildet und sind als Nebenprodukte an einer anderen Stelle nützlich.

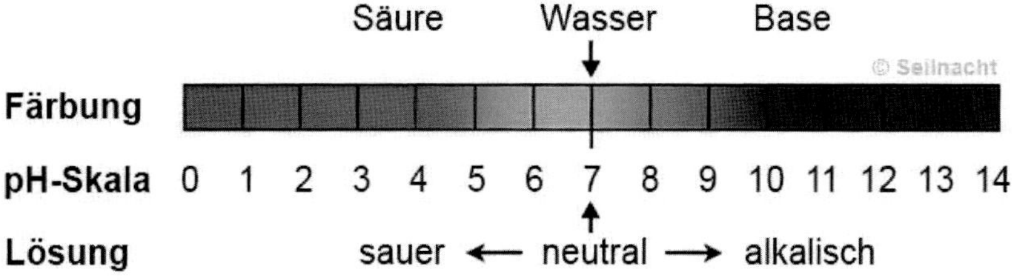

Abb. 1: pH-Skala; Quelle: Wikipedia

Doch wie genau wirkt der Säureschutzmantel?

In und auf einer gesunden Haut wird dadurch der pH-Wert auf einem angenehmen Level gehalten. Der pH-Wert spricht viel aus. Betrachten Sie nun die pH-Skala, welche sich zwischen 0 und 14, also sauer bis alkalisch, bewegt.

Der normale Säureschutzmantel befindet sich zwischen 5,4 und 5,9, also von leicht sauer bis fast neutral. Die Auswirkungen eines ausgeklügelten pH-Wertes sind hautfreundliche Mikroorganismen, also die Hautflora, eine Flora, die schädliche Mikroorganismen tötet. Zudem werden epidermale Lipide gebildet, Enzyme zur Steuerung der Abschuppung der toten Hautzellen und auch die stetige Reparatur der Hornschicht funktioniert durchlaufend. Die Dicke dieser Hautschicht ist gerade einmal 0,1 mm, also noch dünner als die Haut der Augenlider, wobei es hier noch einen Unterschied zwischen der Haut von Frauen und Männern gibt, deren Bedürfnisse nicht unterschiedlicher sein könnten.

In der Hautschicht Dermis ist der Schutz des Körpers eine tragende Rolle. Der Schutz vor äußeren Einflüssen, aber auch vor Reizstoffen wird damit optimal ausgeglichen. Es erfolgt gleichermaßen eine Versorgung der äußeren Hautschichten, was von innen heraus dirigiert wird. Zum einen werden dadurch Stöße abgefedert, was durch eine feste und dicke

Konsistenz geschieht. Schäden, die im Laufe des Lebens unweigerlich auftreten, werden durch Fibroblasten und Mastzellen, enthalten im Bindegewebe, korrigiert und geheilt. Dazu laufen Blutgefäße durch diese Schicht, um den Transport von Nährstoffen in die Epidermis zu tätigen. Gleichsam erfolgt der Abtransport von Schadstoffen in dieser Hautschicht. Talg, aber auch Schweiß werden in den Talg- und Schweißdrüsen produziert und deren Funktion ist es, dass sowohl Wasser als auch Milchsäure zur Hautoberfläche gebracht werden. Der Haarwuchs beginnt zudem in der Dermisschicht und auch sensorische Rezeptoren und Lymphgefäße sind in dieser Hautschicht enthalten.

Die Subkutis, die innerste Hautschicht, tätigt eine Speicherung von Energie. Dadurch erfolgen eine Polsterung und eine Isolierung des Körpers. Die Haut wird dadurch wesentlich elastischer und widerstandsfähiger.

Die Funktion der Haut an sich, den **Gesundheitszustand anzuzeigen** und **Wohlbefinden darzustellen**, ist in der Hautpflege von großer Bedeutung. Hautpflege ist nicht nur ein Schönheitsideal, sondern auch medizinisch gesehen sehr notwendig. Der Grund dafür ist, dass die Haut ein extrem empfindsames Organ ist, welches eben genauestens Veränderungen zeigt, z. B. dauerhaft trockene Haut, verfärbte Haut, Hautausschläge etc. Als allererste, **perfekte Verteidigungslinie** des Körpers muss sie viel mitmachen und die Hornschicht steht im Dauerkampf mit Bakterien, Viren, Pilzen, Wasserverlust, Strahlung, Hitze und Kälte.

Natürliche Feuchthaltefaktoren wie Milchsäure und Urea sind Bestandteile, die Feuchtigkeit binden, zudem bringen sie Elastizität, Straffheit und Geschmeidigkeit mit sich. Mangelt es an Feuchthaltefaktoren, wird die oberste Schicht, die Hornschicht, unter 8-10 % rissig, trocken und rau. Eine regelmäßige Aussetzung der UV-Strahlung lässt die Melaninproduktion innerhalb der Basalschicht ansteigen und eine erhöhte Hyperpigmentierung sowie eine Verdickung ausbilden.

Als Isolierschicht dient die Hautschicht Subkutis, welche die Fettzellen des Körpers enthält. Sie ist die Schicht, die vor Hitze und Kälte eine starke Schutzfunktion ausübt. Gleichsam wehrt die Epidermis als erste Verteidigungsfront sowohl Abschürfungen als auch Druck und Stöße ab. Dieser Stoßdämpfer übernimmt somit eine nicht zu unterschätzende Schutzfunktion, die das Bindegewebe, also die Hülle der Muskeln, die sog. Faszien, beschützt. Äußere Reize auf die Hornhaut, die verstärkt wirken, bewirken, dass z. B. an Händen und Füßen eine dickere Hornhaut gebildet wird, eben um erhöhte Verletzungen und Stöße abzufedern. Gegen chemische Substanzen wirkt der Säureschutzmantel, der einen Hydrolipidfilm besitzt, der Schutz vor alkalischen, schädlichen Chemikalien bietet. Genauso wie Bakterien, Viren und Pilze, die jede Sekunde gegen den Säureschutzmantel arbeiten, meist jedoch abgewehrt werden, ist der Säureschutzmantel intakt. Das Immunsystem greift erst, wenn die Bakterien, Viren oder Pilze durch diese Schutzhülle brechen.

Eine der grundlegenden Aufgaben der Haut ist es, die Haut zu kühlen, indem sie anfängt, zu schwitzen. Dazu zieht sich im Falle von Kälte die Dermis zusammen, um die Wärme im Körper festzuhalten. Die Nervenendungen befinden sich ebenso in der Haut und steuern damit die Sinneseindrücke, die jeden Tag auf unseren Körper einwirken. Dazu gehören Druck, Berührungen, Schmerz, Temperatur und auch das sanfte Streicheln des Windes im Sommer, was über spezielle Rezeptoren in der Haut aufgenommen und weiter getragen wird. Gleichsam verfügt die Haut über eine besondere Regeneration. Jeder Schaden wird geheilt, indem von unten neue Zellbausteine herangetragen werden, sei es eine offene Wunde oder eine geschlossene wie ein blauer Fleck. Dabei wird das alte, zerstörte Gewebe abgetragen und entsorgt. Die Fettzellen innerhalb der Hautschicht Subkutis sind zudem ein unverzichtbarer Speicher für Nährstoffe, die die Haut benötigt. Ein Bedarf, der durch die einzelnen Stellen der Haut gemeldet wird, bewirkt, dass diese Nährstoffe in die nahen Blutgefäße abgegeben und dadurch weiter transportiert werden, und zwar dorthin, wo sie gebraucht werden. Die psychologische Funktion der Haut ist zudem, den Gesundheitszustand festzustellen – etwas, was die Selbst- und Fremdwahrnehmung stark beeinflusst, sowohl positiv als auch negativ.

Die Haut als größtes Organ ist genauso wie die inneren Organe wie etwa die Leber von einer guten Gesundheit abhängig. Ist sie gesund, kann sie ohne Probleme ihren eigentlichen Aufgaben nachgehen und für ein schönes, gesundes Hautbild sorgen. Dies hat den Effekt, dass wir und damit wohlfühlen, Sicherheit empfinden und mehr Lebensfreude haben. Eine gute Haut ist damit ein Zeichen von großer Lebensfreude.

Ist die Haut beschädigt, büßt sie ihre gleichmäßige Farbe, ihre Zartheit und ihre glatte und geschmeidige Oberfläche ein. Sie fühlt anders auf Druck, Temperatur und Berührung, als wenn sie gesund und strahlend ist. Insbesondere dann, wenn die natürliche Hautbarriere gestört ist, wird das Aussehen stets in Mitleidenschaft gezogen. Entweder tritt trockene Haut, Hautausschlag etc. auf oder aber die Beschwerden der Haut sind nicht direkt erkennbar und schwer zu deuten. Hat die Haut eine Beschädigung erlitten, dann reagiert sie auf zwei Wegen: Sie verliert Elastizität und Feuchtigkeit, was zu einer rauen, rissigen, schlaffen oder trockenen Haut führt, oder aber sie ist empfindlicher als normal, wenn sie auf äußere Reize und Einflüsse trifft, z. B. kann sie empfindlicher gegenüber Sonnenstrahlung sein oder gegenüber Temperaturänderungen.

Dies kann sogar so weit gehen, dass sie anfälliger für Infektionen ist. Und ist diese Hürde für Bakterien, Viren und Pilze erst einmal geschafft, kommt es meist zu Entzündungen, die Krankheitsherde für viele weitere Beschädigungen sind. Dagegen kämpft wiederum das Immunsystem an, das versucht, die zerstörte Hautbarriere zu kitten und die Infektion loszuwerden. Viele Erkrankungen der Haut sind schnell von der Haut selbst bekämpft, doch einige benötigen die Aufmerksamkeit eines Facharztes. Neurodermitis, Juckreiz und Co. können zudem durch ihre unangenehmen Kratzaufforderungen dafür sorgen, dass die Hauterkrankung noch schlimmer wird. In solch einem Fall ist stets die Unterstützung eines Arztes hinzuzuziehen. Für kleinere, einfachere Infektionen, die bei einem normalen Immunsystem auftreten, ist die Haut durch diverse Regenerations- und Reparaturmechanismen dazu fähig, zu heilen, u. a. bildet sich an der obersten Hautschicht eine Art Erosion über der Wunde. Wenn der

Patient Glück hat und die Wunde nicht so stark im Gewebe verankert ist, entsteht meist auch keine Narbe. Ist jedoch eine tiefere Verletzung vorhanden, entsteht in den meisten Fällen eine Narbe, da die Verletzung sehr tief in der Dermis und der Basalmembran sein kann. Im Ablauf funktioniert die Heilung so, dass die Haut gerinnendes Blut ausbildet und damit einen Wundschorf oder auch eine Kruste über der Wunde schafft, welche eine Schutzbarriere vor weiteren Einflüssen ist. Währenddessen entfernt der Körper darunter zerstörte und beschädigte Zellen und ersetzt Stück für Stück das Bindegewebe und die Zellen. Das alte Gewebe wird dabei von Enzymen zersetzt. Dann fließt Lymphflüssigkeit in die Wunde und unterstützt die nachfolgende Epothelisierung, bei der neue Zellen ausgebildet werden. Gleichsam werden in diesem Prozess neues Bindegewebe, Kollagenfasern und Gefäßknospen gebildet, die zu einem neuen, gesunden Gebilde der Haut werden. In diesem Vorgang sollte vor allem auf eine gute Hygiene geachtet werden. Regelmäßiges Waschen und das Vermeiden von Schmutz in der Wunde hat oberste Priorität. Auch Wund- und Heilsalbe ist ein gutes Mittel, um die Heilung zu unterstützen. Achten Sie aber unbedingt darauf, dass diese antiseptisch ist.

Die Haut im Alter

Das Altern ist ein natürlicher Prozess. Zudem werden durch das Altern die Bedürfnisse der Haut stets verändert und müssen mit der richtigen Pflege angepasst werden. Der Prozess der Hautalterung bringt eine Veränderung der Hautschichten mit sich. Ein individuelles Tempo ist bei jedem Menschen vorzufinden, denn glücklicherweise ist nicht jeder Mensch gleich. Insbesondere dünne Hautschichten wie die Stirn oder die Augen sind stark vom Alterungsprozess betroffen. Zwischen dem 20. und 30. Lebensjahr fängt dieser Prozess langsam an, in welchem die Lederhaut eine entscheidende Rolle einnimmt. Mit steigendem Alter nehmen Kollagen und Elastinfasern ab, deren Aufgabe es ist, das Gewebe zu straffen, elastisch zu machen und zu stabilisieren. Von der zarten Babyhaut bis hin ins hohe Alter nimmt die Haut eine Reihe stetiger altersbedingter

Veränderungen vor, die sich durch Gegenmaßnahmen wie diverse Anti-Aging-Produkte in ihrer Geschwindigkeit bremsen lassen. Die Haut wird dünner und ihre natürliche Barriere wird langsam, aber sicher abgebaut und dadurch geschwächt. Dabei nehmen auch der Wassergehalt und die Talgproduktion ab.

Junge Haut hat durch die massige Anzahl an Kollagen und Elastin einen großen Vorteil bei der Pflege, während die Haut von Menschen zwischen dem 50. und 70. Lebensjahr verstärkt zu Anti-Aging-Produkten greifen müssen. Im Laufe des Lebens produziert die Haut immer weniger Talg und Schweiß, zwei Stoffe, die für den natürlichen Schutzfilm der Haut wichtig sind. Die Folge ist ein Angriff der Bakterien, Viren und Pilze auf die trockene, müde Haut, die eine wesentlich schlechtere Regenerationsfähigkeit besitzt als eine junge, gesunde Haut. Zudem steigt die Empfindsamkeit an und eine spezielle Pflege ist dabei dringend erforderlich. Die genetische, also intrinsische Hautalterung, aber auch die extrinsische Hautalterung, sprich die äußere Hautalterung, sorgen gemeinsam für Probleme. Diese Probleme sind vor allem die Nichtspeicherung von Fett und Feuchtigkeit und auch der schwächere Säureschutzmantel, wodurch ein schlechterer Schutz vor Krankheitserregern existent ist. Zu den gängigsten Hautproblemen im Alter gehören:

Die Pergamenthaut

Da es an Unterhautfettgewebe mangelt, wird die Haut nahezu durchsichtig. In diesem Fall bilden Adern und Venen ein sichtbares Netzwerk unter der Haut und die Haut kann mühelos mit zwei Fingern angehoben werden und bleibt stehen. Um dieser Haut zu schaden, ist es einfach nur notwendig, einen leichten Stoß oder eine leichte Reibung zu tätigen, wodurch sie schnell reißt. Gleichsam schmerzhaft und reißend fungiert ein Pflaster, welches von der Haut gelöst wird.

Spannende und schuppige Haut

Mit steigendem Alter ist die Haut kaum fähig, Fett und Feuchtigkeit zu speichern, wodurch kleine Risse innerhalb der dünnen Haut gebildet werden. An Körperstellen, die oft von Bewegung geprägt sind, wie Knie und Ellbogen, tritt diese Form des Hautproblems schneller auf.

Juckende Haut

Je trockener die Haut wird, desto mehr muss man sich meist kratzen. Insbesondere Altershaut neigt oft zu Juckreiz, was auch sehr oft ausgelöst wird durch Herz- und Beruhigungsmittel. Ebenso erfolgt eine fortlaufende Beschädigung durch das Kratzen an kranken Hautstellen. Dies schafft eine offene Tür für Erreger, welche den Juckreiz sogar noch verstärken können.

Die Haut neigt zu Entzündungen

Die Haut im Alter neigt oft zu Entzündungen, weil der Säureschutzmantel nicht mehr genügend Mittel aufbringt, um richtig vor Krankheitserregern zu schützen. Diese Risse sind regelrechte Eingangstore für Viren, Bakterien und Pilze.

Farbliche Hautveränderungen

Farbliche Veränderungen auf der Haut treten in vielerlei Form auf. Die am meisten befallenen Stellen sind u. a. Schultern, Arme und Gesicht. Dort treten rote, leicht schuppige Flecken oder aber kleine ausgeweitete Blutgefäße auf. Auch Altersflecken sind sehr oft vertreten und ein Anzeichen für viel Aufenthalt in der Sonne. Altert die Haut, sinken die Melanozyten, also die Zellen, welche für die Hautfarbe zuständig sind. Befindet sich jemand vermehrt in der Sonne, sind UV-Strahlen die Auslöser für eine rege Pigmentbildung, was insbesondere an sonnenausgesetzten Hautbereichen dazu führt, dass eben solche Altersflecken entstehen.

Eine gestörte Wundheilung der Haut

Diese Fehlfunktion der Haut entsteht, sobald die Barriere der Haut gestört wird. Damit können Verletzungen wesentlich langsamer und schlechter abheilen. Unter Umständen kommt es dabei sogar zu einer verstärkten Narbenbildung.

Eine erhöhte Blutergussbildung der Haut

Je älter man wird, desto mehr blaue Flecken kann man wesentlich leichter und schneller erhalten. Ein kleiner Stups am Stuhlbein, welches sogar noch gepolstert ist, kann schnell zu solch einem blauen Fleck führen. Blaue Flecken entstehen dadurch, dass die Gefäßwände der Kapillaren dünner werden, was ein Auslöser für ein schnelleres Reißen sein kann.

Welche Folgen bringt die Hautalterung noch mit sich für die Haut?

Falten und Altersflecken sind die Klassiker unter den Hautproblemen, da die biologische Hautalterung der Schutzhülle des Körpers Feuchtigkeit, Volumen und Elastizität stiehlt. Es fängt mit kleinen Fältchen an, die zu feinen Linien anwachsen und die Folgen von Mimik und Schwerkraft sind. Die Vertiefung ist wie der Prozess der Erosion in der Natur, ist erst einmal eine Furche existent, greifen Umweltfaktoren dort verstärkt an und vertiefen die Furche noch weiter. Diese Faltenbildung ist natürlich je nach Mensch individuell und es gibt verschiedene Arten von Falten, die sich sowohl durch Ausprägung und Ursache als auch durch die Lage differenzieren.

Die Bildung von statischen Falten

Statische Falten sind Falten, die auch dann sichtbar sind, wenn die Gesichtsmuskeln sich nicht bewegen, beispielsweise bei Menschen, die eine Denkerstirn haben und deren Stirnlinien nicht mehr weggehen. Oftmals entstehen diese Falten durch die Schwerkraft, einfach durch die bloße Veränderung der Haut selbst.

Die Bildung von Mimikfalten

Diese Falten bilden sich, wenn die Gesichtsmuskeln sich wiederholt bewegen. Mimikfalten können auch durch diese dauerhafte Wiederholung zu statischen Falten werden, ein Grund, weshalb Promis wohl versuchen, in der Kamera nicht zu lachen.

Die Bildung von aktinischen Falten

In erster Linie sind diese Falten als Plissee- oder auch Knitterfältchen bekannt. Es sind Fältchen oder auch zarte Linien, welche einer zu hohen UV-Strahlung zu verschulden sind und später zu tieferen Falten werden.

Die Bildung von Falten um die Augen herum

Die Augen sind der Spiegel zur Seele, jedoch ist die Haut um die Augen herum mit die dünnste Haut am Körper. Bilden sich dort Falten, kommen Begriffe wie Krähenfüße oder auch Lachfalten zum Ausdruck. Wenn Sie lachen, wirklich lachen, nicht nur den Mund zu einem Lächeln verziehen, werden auch Ihre Augen zusammengekniffen, was diese Fältchen auslöst. Diese Falten sind ein Zeichen von Freundlichkeit und Liebenswürdigkeit, weil sie durch viel Lachen entstehen. Ein fröhlicher Mensch, ein Mensch im hohen Alter, der solche Falten hat, ist ein äußerst liebenswerter Mensch, der von fast allen wirklich gemocht wird.

Dennoch sind Krähenfüße für viele Frauen vor allem ein Graus, aber auch Männer bevorzugen ein faltenfreies Gesicht. Ein Fakt ist es auch, dass diese Falten ohne das Zutun der eigenen Person durch das 10.000-fache tägliche Blinzeln entstehen, insbesondere deswegen, weil die Augenpartie eine sehr dünne Haut hat und zu Trockenheit neigt. Zudem sind die Augen das Zentrum des Gesichts und das kommunikative Mittel schlechthin. Schöne Augen werden mit Cremes, Gurkenmasken und Co. unterstützt. Zudem hält die Medizin für Schönheitsbehandlungen eine nicht ganz schmerzfreie Behandlung – Laserentfernung – solcher Fältchen bereit.

Die Bildung von Falten um den Mund

Der Mund ist wahrscheinlich die am meisten beanspruchte Gesichtspartie. Er arbeitet sogar mehr als die Augen und kann periorale Falten ausbilden, welche anfänglich zwischen Nase und Lippe verlaufen. Diese zarten Linien, die sich anfänglich zwischen Mund und Lippe bilden, sind einer natürlichen Bildung ausgesetzt. Umgekehrt, wenn jemand ständig schlechte Laune hat, bilden sich Marionettenfalten. Diese Falten gehen vom Mundwinkel bis zum Unterkiefer und sind meist durch die dauerhafte schlechte Laune sehr tief. Sie machen den Träger um einiges älter, können aber durch diverse kosmetische Mittel entfernt werden. Beliebt für die Faltenentfernung ist Botox und Hyaluronsäure, eine Säure, die der Körper selbst nicht bilden kann.

Die Bildung von Falten am Hals und am Dekolleté

Dabei gibt es aus medizinischer Sicht sowohl quer- als auch längsverlaufende Falten. Während die längsverlaufenden Falten von einer fettarmen, hängenden Halshaut zeugen, was allgemein als Truthhahnhals bezeichnet wird, entstehen die querverlaufenden Falten durch eine starke Sonneneinstrahlung. Die längsverlaufenden Falten sind die Folge einer schweren Brust, jedoch sind die meisten Dekolletéfalten die Folge von querverlaufenden Knitterfalten. Wenn Sie oft in der Sonne sitzen und lesen oder Ähnliches tun, dann werden Sie von diesen Falten betroffen sein. Auch Sport ohne stützenden BH verursacht diese Falten oder auch häufiges Schlafen in Seitenlage und zu enge BHs, die die Brust zusammenpressen. Mit Peelings abgestorbene Hautschüppchen entfernen und dabei die Haut zu massieren, ist ein gutes Mittel, um diese Falten wegzubekommen, denn dadurch wird sowohl die Kollagenbildung als auch die Durchblutung angeregt. Zudem bietet die Kosmetikindustrie eine breite Palette an Pflegeprodukten, die genau dafür den Feuchtigkeitsverlust ausgleichen und die Hautdicke erhöhen soll, um eben diese Falten zu vermeiden. Dabei ist eine regelmäßige Anwendung unerlässlich.

Die Bildung von Falten an der Stirn

Stirnfalten sind ein Klassiker, der sich durch Linien und Furchen an der Stirn quer, aber auch senkrecht bemerkbar macht. Die Mimik ist der Hauptauslöser dafür, aber auch die Zornesfalte, von den Medizinern als Glabella-Falte bezeichnet, ist sehr weit verbreitet. Diese Falten entstehen vor allem zwischen den Augenbrauen, weil dort die meiste Mimik im Zornesfall entsteht. Jedoch ist auch starke Konzentration ein Auslöser, da diese die sogenannten Denkfalten auslöst.

Die Bildung von Falten an den Händen

Alterserscheinungen betreffen nicht nur das Gesicht und das Dekolleté, sondern auch die Hände und die Füße, vor allem aber die Hände, da die Hände die Körperteile sind, die die meiste Arbeit machen. Sie werden allen erdenklichen Einflüssen ausgesetzt, wie z. B. Seife, Lauge, Sonne und vielem mehr. Altersflecken, dünne Haut und diverse Krankheiten im Alter befallen die Hände sehr schnell. Vor allem wenn die Haut alt und müde ist, sammeln sich Pilze, Bakterien und Viren und die Haut ist viel öfter geschädigt.

Die Bildung von Altersflecken

Altersflecken, einer der sichtbaren Schrecken, der kaum mit Cremes und Salben verschwindet. Nur wenige Mittel helfen dagegen. Diese Pigmentstörung kommt daher, dass ab dem 40. Lebensjahr bereits die Empfindsamkeit gegenüber der Sonneneinstrahlung noch stärker eintritt. Aber auch in jungen Jahren sind einige betroffen, obwohl diese Flecken eher als harmlose Pigmentflecken bezeichnet werden und durch eine gute Laserbehandlung entfernt werden können. Altersflecken hingegen, die nicht als Sommersprossen verblassen, sind vor allem im Alter eine große Belastung und machen den Betroffenen noch älter, als die bisherigen Hauterscheinungen dies bereits tun. Zudem gibt es spezielle Bleichcremes, die mit Brunnenkresse oder Vitamin C diese Flecken aufhellen sollen.

Die Haut unter Sonneneinstrahlung

Die Haut und das Sonnenlicht sind zwei Komponenten, die stets zusammenarbeiten müssen. Der Mangel an Sonnenlicht lässt mit der Zeit bei einigen Tierarten die Augen verschwinden und die Haut verändern, damit sich die Tiere an die licht- und sonnenlose Umgebung anpassen können. Die menschliche Haut ist in dem Sinne abhängig, weil sie durch die Sonnenbestrahlung das notwendige Vitamin D ausbildet, das Menschen für Ihre Gesundheit benötigen. Vitamin D können Menschen nicht durch Nahrung zu sich nehmen, lediglich die Sonnenbestrahlung kann dies bewirken. Doch die Haut ist von diversen Krankheiten durch das Sonnenlicht belastet.

Lichtempfindlichkeit ist einer der Faktoren, der Reaktionen wie diverse Ausschläge wie Lichtdermatosen oder auch Photodermatosen auslöst. Zudem können dadurch auch Allergien entstehen, die Stoffe auslösen, die im UV-Licht zu finden sind. Dies ist glücklicherweise individuell und sehr selten. Der Begriff „Sonnenallerige“ ist keine wirkliche Allergie, sondern eine Lichtdermatose, wogegen eine Phototherapie meist aushilft. Ebenso können innere Erkrankungen, die unter der Haut auftreten, unbemerkt entstehen. Diese können, ohne, dass es anfänglich bemerkt wird, diverse Hautkrankheiten mit sich bringen. Tritt eine Lichtdermatose auf, ist es dringend notwendig, das zu vermeiden, was Schaden verursacht, also Sonnenlicht. Im schlimmsten Fall müssen auch Kortison oder diverse Cremes und Salben verschrieben werden.

UV-Licht kann auch eine photosensible Haut hervorrufen, indem eine Überempfindlichkeit festgestellt wird. Dazu zählen vor allem Veranlagung, Hormone, Immunvorgänge etc. Genauso können Hautpflegemittel die Haut lichtempfindlicher machen. Hautschutz ist dabei unerlässlich. Dagegen wird meist empfohlen, sich ganz anzukleiden, was im Sommer recht unpraktisch ist. Nutzen Sie auf alle Fälle in solch einer Situation Sonnenmilch mit einem passenden Lichtschutzfaktor und tragen Sie eine funktionale Sonnenbrille und einen Hut. Viele Textilien werden ohnehin schon mit einem passenden Lichtschutzfaktor produziert.

Doch welche Schäden trägt die Haut von der Sonne noch davon? Sonnenbrand ist eine phototoxische Hautreaktion, deren Auslöser nicht nur lange Sonnenbäder sind. Medikamente wie Antibiotika, Teer, Farbstoffe, Schmerzmittel, aber auch kosmetische Stoffe können oftmals die Funktion eines Photosensibilisators einnehmen. Diese Photosensibilisatoren wirken, indem entweder direkt auf der Haut oder vom Körper aufgenommene Stoffe den Blutweg erreichen, was zudem auch ein Abbauprodukt des Stoffes sein kann, welches ursprünglich dafür verantwortlich ist. Jedoch kann auch eine phototoxische/photoallergische Hautreaktion auftreten, die ähnliche Symptome hervorruft. Eine Differenzierung dieser Methoden ist dabei unmöglich herauszufinden.

Aber auch diverse Allergien und Reaktionen auf Ackerwinde und Bärenklau sind besonders schwierig, da diese Reaktionen für lange Zeit dunkelbraune Flecken auf der betroffenen Haut hervorrufen. Ähnliches gilt für Lichtdermatosen wie die Mallorca-Akne, eine Sommerakne, die sich nicht wirklich unter die Akne einordnen lässt, sondern nur eine Entzündung in der Haut durch die Sonnenbestrahlung hervorruft.

Abschließend dazu muss jedoch gesagt werden, dass die Haut und die Sonne zusammengehören, viele Menschen es aber übertreiben und somit solche Hautkrankheiten hervorrufen. Naturkosmetik hat in dem Sinne auch sehr viel damit zu tun, weil viele künstliche kosmetische Stoffe eben diese Hautirritationen und nachfolgenden, oben genannten Erkrankungen auslösen können. Insbesondere Menschen mit einer empfindlichen Haut sollten auf eine natürliche Kosmetik achten.

Warum Naturkosmetik?

Naturkosmetik hat ihren Ursprung bereits in der Antike. Früh hatten sich die Menschen schon verschönert, mit einem Unterschied zur heutigen, modernen Kultur des 21. Jahrhunderts: Die Menschen der Antike nutzten stets natürliche Materialien, auch, wenn diese teuer waren und damit nur der hochrangigen Gesellschaft zur Verfügung standen. Betrachten Sie bitte einmal die Preise von Kosmetik im Handel. Dort sind stets Preise, die Sie auch bezahlen können. Wenn Sie bedenken, wie schwer es für die damaligen Kulturen war, die guten Stoffe aus der Natur zu gewinnen, können Sie sich vorstellen, dass ein höherer Preis gerechtfertigt ist.

Naturkosmetik ist, wie der Name schon sagt, von der Natur abhängig. Dabei ist eine breite Palette existent, die sowohl Make-up als auch Pflegeprodukte mit einbezieht. Die höheren Preise rechtfertigen sich in dem Sinne, dass natürliche Stoffe der Haut unliebsame Krankheiten und Schäden fernhalten sollen. Natürliche Inhaltsstoffe werden strenger kontrolliert und die Hersteller dieser Kosmetik- und Pflegeprodukte müssen von Anfang an strenge Auflagen befolgen. Dies dient ausschließlich dazu, dass keine Chemikalien hineinkommen. Leider ist es so, dass viele Frauen eine schlechte Haut durch Make-up bekommen. Vor einiger Zeit traf ich eine Frau, die trotz Make-up große Hautunreinheiten zu verstecken versuchte.

Vor allem junge Frauen, die früh beginnen, ihre junge, gute Haut unter Make-up zu verbergen, haben im Alter eine kranke Haut, eben da das Make-up die Poren verstopft und damit Akne und oben genannte Hautkrankheiten auslösen kann, insbesondere, weil die Haut auch die chemischen Stoffe aufnimmt und die Haut gegenüber der Sonneneinstrahlung stark abschwächt in ihrer Immunität. Die Naturkosmetik versucht dem vorzubeugen, indem sie natürliche Inhaltsstoffe verwendet, ob diese nun in der Basis enthalten sind oder ob es sich dabei um Konservierungs- und Bindemittel sowie um Düfte handelt.

Wenn Sie beginnen, mit Naturkosmetik Ihre Haut und Ihr Haar zu pflegen und zu verschönern, werden Sie langfristig positive Erfolge feststellen, denn darin sind keinerlei erdölbasische Stoffe enthalten. Sich mit Polyethylenglykolbasis zu waschen, ist gleichsam nicht anzuraten. Ziehen Sie lieber Pflanzenextrakte, Öle und Pflanzenbutter vor.

Was ist der Unterschied zwischen herkömmlicher Kosmetik und Naturkosmetik?

Bedenken Sie aber auch, dass Naturkosmetik Zeit benötigt, um zu wirken. Chemische Kosmetik hat den kurzzeitigen Vorteil, sofort zu wirken, aber dabei den Säureschutzmantel der Haut zu beschädigen. Das Verstopfen der Poren ist ebenfalls eine der Folgen der chemischen Kosmetik. Zwar benötigen die natürlichen Inhaltsstoffe der Naturkosmetik viel Zeit, um richtig zu wirken, sie sind aber für die Haut langfristig gesünder und machen diese auch dementsprechend schöner. Viele junge Mädchen, die eine schöne Haut haben, schminken sich bereits sehr früh, da es dem Schönheitsideal der Gesellschaft dienlich ist. Die Folge ist leider eine schlechte Haut, wenn sie älter sind, was durch das Auftragen von noch mehr Make-up übertüncht wird. Dieser Kreislauf kann durch die Naturkosmetik unterbrochen werden, denn sowohl die Haut und das Haar als auch die Zellen des Körpers profitieren von natürlichen Produkten. Chemische Produkte, basierend auf Mineralen und Erdölen, enthalten Formaldehyd, welches die Haut nachhaltig schädigt. Auch Waschsubstanzen, die Polyethylenglykole enthalten, sollten der Haut nicht zugemutet werden.

Viel wichtiger sind natürliche Stoffe wie natürliche Öle, Pflanzenbutter und Pflanzenextrakte. Beispielhaft gibt Sheabutter viel vom wertvollen Vitamin E ab, welches sowohl hautglättend fungiert als auch einer vorzeitigen Hautalterung vorbeugt. Ebenso mindert Vitamin E Altersflecken und Schäden durch die Sonne, welche durch UV-Strahlen entstehen. Gleichsam sind Omega-3-Fettsäuren und Beta-Carotin Stoffe, die sowohl durchblutungsfördernd als auch entzündungshemmend wirken. Ein weiterer strittiger Fakt ist, dass Tiere für das Testen von herkömmlicher Kosmetik herhalten müssen und auch nachhaltig Schaden davontragen. Zudem sind die Stoffe von Naturkosmetik rein natürlich, vegan und biologisch. Auch können andere Länder von solch einer Produktion profitieren, indem dort gute Arbeitsbedingungen geschaffen werden. Diverse Logos wie das Fair-Trade-Logo und viele andere sind ein Zeichen dafür, dass globale Naturkosmetik eben durch Fairness auch das schlechte Gewissen beruhigen kann.

Die Haltbarkeit betreffend kann gesagt werden, dass selbst Naturkosmetik sich lange hält. Die natürlichen Konservierungsstoffe halten das Produkt frisch und erhalten jegliche Inhaltsstoffe so, dass diese ihre positive Wirkung auch weiterhin entfalten können. Auch die Farbauswahl stellt für die Naturkosmetik keinerlei Problematik dar. Eine breite Palette an Farben ist auch dort vorzufinden. Skeptiker, die gegen Naturkosmetik wettern, können also mit einem guten Gewissen beruhigt werden.

Das Ansehen von Naturkosmetik ist oftmals von Misstrauen geprägt. Ein guter Weg ist es mittlerweile, dass Naturkosmetik im Trend liegt und Anbieter natürlich auf diesen Zug aufspringen möchten. Dennoch ist es schwer zu differenzieren, welcher Anbieter nun das richtige Siegel und Zertifikat für die Produktion dieser Produkte mit sich bringt. Im Bereich Naturkosmetik gibt es eine Reihe an Siegeln, die auch sehr verwirrend sein können – genauso wie in der Lebensmittelbranche oder aber auch in der Pharmaindustrie. Siegel wie Ecocert, NaTrue, NCCO, BDIH, Demeter, Soil Association und USDA Organic sind weit verbreitet und gelten als Standards in der Naturkosmetikindustrie. Ebenso gelten die Begriffe „vegan“ und „Fair Trade“ noch immer als wichtig und vertrauenswürdig unter den Verbrauchern, weswegen sie bei den Herstellern gleichsam beliebt sind. Doch sind diese Siegel auch alle vertrauenswürdig? Strenge Regeln bei der Herstellung dieser Produkte sind festgelegt und Hersteller müssen sich in erster Linie an diesen Regeln orientieren. Abweichungen führen zu gesundheitlichen, finanziellen und rechtlichen Folgen, die ein Unternehmen stets zu vermeiden versucht. Dennoch sind Naturprodukte stets eine sehr gute Wahl und sollten immer den industriellen Produkten vorgezogen werden. Natürlich sind diese meist auch teurer, dies beläuft sich stets auf die wertvolleren Inhaltsstoffe. Öle wie Mandelöl oder

Arganöl sind sehr wertvoll und vertragen sich mit der Haut. Oftmals entscheidet dennoch der Geldbeutel über die Nutzung von Naturkosmetik. Vor allem Menschen mit einem geringen Einkommen müssen mit dieser Zwickmühle zurechtkommen. Doch was, wenn Sie einfach nur Lebensmittel aus der Küche nutzen können, um Ihre Haut von Grund auf gesund zu halten? Dieses Paradox wird in den folgenden Kapiteln aufgelöst.

Naturkosmetik und die verschiedenen Hauttypen

Die Frage nach Naturkosmetik lässt auch die Frage nach der Pflege der verschiedenen Hauttypen nicht offen. Jeder Mensch hat eine andere Haut. Dabei ist sowohl die Sensibilität als auch die Schutzfunktion gegenüber äußeren oder auch inneren Einflüssen gemeint, sprich freie Radikale, Abgase etc. und natürlich die genetische Funktion der Haut, aber auch die Hormone selbst. Einige Menschen neigen zu unreiner Haut, andere wiederum haben eine Mischhaut, während wieder andere eine eher trockene Haut haben.

Dennoch gibt es noch eine weitere Unterteilung, denn viele Kosmetika haben einen natürlichen Sonnenschutz. Der UV-Schutz in einer Creme oder einem Concealer sollte jedoch ebenso an die Hautbedürfnisse angepasst werden. Dazu gibt es einige Hauttypen zu beachten, denn UV-Strahlung und Haut, ein Thema, welches in einem der oberen Kapitel bereits angesprochen wurde, sollte bei der Verwendung von Kosmetik stets berücksichtigt werden.

Die UV-Empfindlichkeit wird dabei in 6 verschiedene Hauttypen unterteilt. Thomas Fitzpatrick, ein amerikanischer Hautarzt, stellte diese Typen im Jahr 1975 auf, welche jedoch recht grob unterteilt sind. Die Hauttypen zwischen I und IV gelten als der europäische Bereich. Ab Typ V beginnt der arabische, indische und nordafrikanische Typ, der insbesondere durch eine dunkle Hautfarbe erkennbar ist. In Zentralafrika und Australien sind viele Menschen mit dem Hauttyp VI unterwegs. In Bezug auf die nachfolgende Aufschlüsselung werden Sie die Übersicht der UV-Empfindsamkeit ablesen können:

TYP I

Dieser Hauttyp ist der Empfindlichste. Die Merkmale sind insbesondere eine sehr helle und gleichsam extrem empfindliche Haut. Menschen mit rotblondem Haar, hellen Augen und unzähligen Sommersprossen gehören zu dieser Kategorie. Ganz wichtig ist, dass solche Personen schnell einen Sonnenbrand bekommen und deswegen hohe Schutzmaßnahmen treffen müssen.

TYP II

Menschen mit Typ II sind mit einer hellen, empfindlichen Haut gesegnet und haben meist braune, grüne oder blaue Augen. Das Haar ist blond bis braun und oftmals werden solche Menschen mit Sommersprossen im Sommer ausgestattet. Glücklicherweise bekommen Menschen dieses Hauttyps zwar einen Sonnenbrand, sind jedoch auch mäßig gebräunt .

TYP III

Dieser Hauttyp betrifft Menschen mit einer hellen bis hellbraunen Haut, mit grauen oder braunen Augen und mit dunkelblondem bis braunem Haar. Diese Personen sind eher selten von Sommersprossen befallen und wesentlich schneller von Bräune gesegnet als Menschen mit dem vorherigen Hauttyp.

TYP IV

Menschen mit braunen bis dunkelbraunen Augen, einer hellbraunen, olivfarbenen Haut und dunkelbraunem Haar fallen unter diesen Hauttyp. Sie haben das Glück, schnell braun zu werden und wenig Sonnenbrand zu bekommen.

TYP V

Menschen mit Typ V sind mit einer dunkelbraunen Haut ausgestattet. Sie haben dunkelbraune Augen und dunkelbraunes bis schwarzes Haar. Die Gefahr für Sonnenbrand ist zwar gegeben, doch relativ gering.

TYP VI

Diese Menschen leben meist in Zentralafrika und sind einer starken Bestrahlung ausgesetzt. Deren dunkelbraune, fast schwarze Haut kann ebenso von Sonnenbrand heimgesucht werden wie die der anderen Hauttypen. Diese Menschen haben zudem stets schwarze Haare und dunkelbraune Augen.

DIE BESTIMMUNG DES EIGENEN HAUTTYPS

Wollen Sie Ihren Hauttyp bestimmen, ist der Besuch bei einem Dermatologen sinnvoll. Selbstverständlich können Sie sich auch einem einfachen Test unterziehen, jedoch rate ich stets den Besuch beim Dermatologen, da dies wesentlich genauer ist. Im folgenden Test werden Ihnen 10 Fragen gestellt, die dazu dienen, eine grobe Einschätzung zu erhalten. Dies ist hilfreich, um den UV-Schutzfaktor der Kosmetik herauszufinden.

Die erste Frage des Tests ist auf Ihre morgendliche und unbestrafte Haut bezogen. Welche Farbe können Sie erkennen, wenn Sie in den Spiegel sehen?
Ist sie bräunlich?
Ist sie leicht beige?
Ist sie rötlich?
Oder ist sie mehr weißlich?

<u>Auswertung der Frage:</u>
Für die Beantwortung der Frage geben Sie sich bei rötlich 1 Punkt, bei weißlich 2 Punkte, bei leicht beige 3 Punkte und bei bräunlich 4 Punkte.

Nun zu Frage 2. Haben Sie Sommersprossen? Sind Sie einer der Menschen, die im Sommer von süßen Sommersprossen gesegnet sind?
Bitte wählen Sie zwischen nein, vielen, einigen oder vereinzelt.

Auswertung der Frage:
Für die Auswahl der Punkte geben Sie sich für viele 1 Punkt, für einige 2 Punkte, für vereinzelt 3 Punkte und für nein 4 Punkte.

Frage 3 ist für die Frage nach der Reaktion Ihrer Haut auf die Sonne zuständig. Inwiefern reagiert Ihre Haut auf die Sonnenbestrahlung?
Ist Ihre Haut eher sehr empfindsam und hat eine gewisse Grundspannung?
Oder ist Ihre Haut eher empfindlich und weist ein paar Spannungen nach dem Sonnenbad auf?
Oder ist Ihre Haut mehr normal empfindsam und Sie sind einer der Glücklichen mit wenigen Hautspannungen nach dem Sonnenbad?
Oder zuletzt, sind Sie vollkommen unempfindlich und hatten noch nie Hautspannungen nach dem Sonnenbad?

Auswertung der Frage:
Ist Ihre Haut eher sehr empfindsam, geben Sie sich bitte 1 Punkt. Trifft eine Empfindlichkeit zu, doch nicht zu ausgeprägt, dann geben Sie sich bitte 2 Punkte. Trifft bei Ihnen ein, dass Ihre Haut eher normal empfindlich ist, dann haben Sie sich 3 Punkte verdient und bei einer kompletten Unempfindlichkeit geben Sie sich 4 Punkte.

Nun zur folgenden Szene: Sie sitzen an einem klassischen Frühsommer auf Ihrer Terrasse und lassen sich sonnen. Dabei sitzen Sie mittags an einem wunderschönen Tag bei wolkenlosem Himmel in Ihrem Stuhl. Wie verhält sich Ihre Haut? Wie lange braucht Ihre Haut, um einen Sonnenbrand zu bekommen?
Sie können nur max. 15 Minuten gemütlich sitzen bleiben, ohne einen Sonnenbrand zu bekommen.
Ihre Haut erlaubt es Ihnen, zwischen 15 und 25 Minuten gemütlich im Liegestuhl zu sitzen, ohne Schäden davonzutragen.
Sie können getrost 25 bis 40 Minuten sitzen bleiben.

Oder Sie können glückliche 40 Minuten und weit darüber hinaus einfach sitzen bleiben.

Auswertung der Frage:

Bei Antwort eins dürfen Sie sich 1 Punkt geben, während Sie sich bei Antwort zwei 2 Punkte geben dürfen und bei Antwort drei 3 Punkte. Letztere Antwort gibt Ihnen ganze 4 Punkte.

Nun zur Reaktion auf Sonnenbrand. Nehmen Sie bitte einmal an, dass Sie im Liegestuhl sitzen und zu lange dort sitzen. Wie findet das Ihre Haut?

Ihre Haut schimpft mit Ihnen, indem sie Ihnen immer einen Sonnenbrand beschert.

Ihre Haut ist zwar launisch, aber gibt Ihnen nicht jedes Mal einen Sonnenbrand.

Ihre Haut ist weniger launisch, hat aber oft das Bedürfnis, sich mit einem Sonnenbrand zu wehren.

Oder aber Ihre Haut ist sehr hartgesotten und hält der intensiven und langen Sonnenstrahlung ohne einen Sonnenbrand stand. Wenn Sie einmal wirklich zu lange in der Mittagssonne sitzen, macht sie sich höchstens mit einem leichten Sonnenbrand bemerkbar.

Auswertung der Frage:

Sind Sie von extremen Folgen betroffen, geben Sie sich bitte nur 1 Punkt. Sonnenbrand, der immer wieder auftaucht, wird mit 2 Punkten bewertet und Ihre launische Haut, die zwar gelegentlich einen Sonnenbrand bekommt, aber ansonsten relativ normal ist, gibt Ihnen 3 Punkte. Mit 4 Punkten werden Sie belohnt, wenn Sie sehr hartgesotten sind.

Nun ist es passiert. Sie sind in Ihrem Liegestuhl eingeschlafen. Sie haben Ihrer Haut zu viel Sonnenzeit zugemutet und nun haben Sie einen Sonnenbrand. Wie merken Sie das?

Sie spüren, wie sich eine starke Rötung über Ihre empfindliche Haut zieht, was größtenteils eine schmerzhafte Bläschenbildung mit sich bringt, gefolgt von einer üblen Hautabschälung einige Tage danach.

Sie haben sich zwar verbrannt, aber es ist nicht so extrem. Zwar haben Sie eine klar sichtbare Rötung, wonach sich die Haut abschält, aber Sie haben keine schmerzhaften Bläschen auf der Haut.

Ihre Haut ist zwar gerötet und schält sich meist einige Tage danach ab, es ist aber nicht weiter tragisch.

Sie sind einer der Glücklichen, die fast niemals von Hautschälungen und Rötungen betroffen sind. Unbeeindruckt können Sie sich weiter in der Sonne braten.

Auswertung der Frage:

Für eine starke Rötung und schmerzhafte Blasenbildungen dürfen Sie sich nur 1 Punkt geben. Haben Sie zwar starke Verbrennungen, doch keine Bläschen, bekommen Sie 2 Punkte. Und bei einer eher unbeeindruckten Haut, die dennoch normal ist, dürfen Sie 3 Punkte mitnehmen. 4 Punkte erhalten Sie, sobald Sie der UV-Strahlung selbst trotzen und kaum Schäden davon tragen.

Fast jeder möchte schön braun werden. Stellen Sie sich bitte einmal die folgende Szene vor: Sie sind im Urlaub und wollen schön braun werden. Wie verhält sich Ihre Haut?

Ein Bräunungseffekt stellt sich niemals ein. Die Haut wird eher rot und nach dem Abklingen der Rötung wieder sehr hell.

Sie haben kaum einen Bräunungseffekt. Gelegentlich kommt zwar einmal eine leichte Bräune, doch die verschwindet wieder frühzeitig.

Ein Bräunungseffekt stellt sich sehr oft bei Ihnen ein und hält auch etwas länger. Ein Effekt, der wohl Ihrer dunkleren Haut geschuldet ist.

Fast jedes Mal, wenn Sie in der Sonne waren, haben Sie einen guten Bräunungseffekt zu erkennen.

Auswertung der Frage:

Für gar keinen Bräunungseffekt erhalten Sie 1 Punkt. Für einen kaum vorhanden Effekt erhalten Sie 2 Punkte und für einen längeren und häufigeren Bräunungseffekt dürfen Sie sich 3 Punkte geben. Stolze 4 Punkte erhalten Sie bei einem Bräunungseffekt, der Ihnen bei jedem Besuch in der Sonne gegeben wird.

Nun haben Sie eine schöne Bräune. Was passiert mit dieser Bräune? Wie lange hält sie?

Sie haben entweder gar keine oder kaum eine Bräune.
Sie bekommen nach mehreren Sonnenbädern eine leichte Bräune.
Ihre Bräune wird stets klarer und fortschreitender.
Ihre Bräune setzt sich tief unter die Haut.

Auswertung der Frage:

Wenn Sie gar keine oder kaum eine Bräune bekommen, erhalten Sie 1 Punkt. 2 Punkte stehen für eine leichte Bräune, 3 Punkte für eine klarere Bräune und 4 Punkte für eine tiefe Bräune.

Nun zu Ihrer Haarfarbe. Die Haarfarbe ist in dem Sinne wichtig, weil sie den Hauttyp entscheidend mitbestimmt. Dazu ist jedoch nur die natürliche Haarfarbe wichtig.

Sind Ihre Haare rot bis rötlich braun?
Sind Ihre Haare hellblond bis blond?
Sind Ihre Haare dunkelblond bis braun?
Sind Ihre Haare dunkelbraun bis schwarz?

Auswertung der Frage:

Haben Sie rote bis rötliche Haare, bekommen Sie 1 Punkt. 2 Punkte bekommen Sie, wenn Sie hellblond bis blond sind, 3 Punkte bei dunkelblondem bis braunem Haar und 4 Punkte bei dunkelbraunem bis schwarzem Haar.

Aber auch die Augenfarbe ist wichtig. Bitte sehen Sie in den Spiegel oder fragen Sie jemanden, wenn Sie sich nicht sicher sind.

Ihre Augen sind hellgrün, hellgrau oder aber hellblau?

Ihre Augen sind grün, grau oder blau?

Ihre Augen sind dunkelgrau oder hellbraun?

Oder Ihre Augen sind dunkelbraun?

Auswertung der Frage:

Sind Ihre Augen sehr hell, bekommen Sie 1 Punkt. Haben Sie außergewöhnliche Farben wie grau, grün oder blau, erhalten Sie 2 Punkte und sind Ihre Augen hellbraun oder dunkelgrau, bekommen Sie 3 Punkte. 4 Punkte bekommen Sie bei einem schönen dunkelbraun.

Hinweis:

Sollten Sie sich nicht sicher sein, geben Sie bei dem Test einfach den empfindlichsten Typ an. Dann sind Sie auf der sicheren Seite.

Endgültige Grobauswertung:

Nehmen Sie bitte nun alle Punkte von jeder Fragestellung und teilen Sie diese durch die beantwortete Anzahl der Fragen, sprich durch 10. Danach erhalten Sie einen Wert, der Ihren Hauttyp grob bewertet. Ist die Zahl nicht gerade, runden Sie einfach nach dem klassischen Ab- und Aufrundungsprinzip. Am besten, Sie runden immer ab, dann sind Sie auf der sicheren Seite mit Ihrem Hauttyp, z. B. deutet 2,8 eher auf Hauttyp III hin.

Die Unterteilung der Hauttypen kann jedoch auch noch anderweitig vorgenommen werden, nämlich nach dem Pflegegrad der Haut. Sie kennen es sicherlich, wenn Sie beim Kauf von Pflegeprodukten sind: Dort steht meist für empfindliche Haut, für fettige Haut oder für Mischhaut. Jedes der Produkte strebt die Bedürfnisse der jeweiligen Haut an, ob diese Bedürfnisse erfüllt werden, ist jedoch von Haut zu Haut unterschiedlich.

Menschen mit Allergien sollten stets versuchen, auf ein sanftes Produkt auszuweichen. Menschen, die mit Akne zu kämpfen haben, sollten ein gutes, aber sanftes Aknemittel finden.

Diese Einteilung der Haut ist an sich sehr praktisch und wird leider oftmals sehr schwer von einem selbst eingeschätzt. Deswegen ist der Besuch beim Dermatologen stets ein guter Weg. Dennoch haben Dermatologen oft ein schweres Spiel, den richtigen Hauttyp herauszufinden. Denn Frauen neigen dazu, sehr viel Make-up zu tragen, was den Hauttypen und die Einschätzung dazu weitestgehend undeutlich macht und diesen sogar verändern kann. In der folgenden Einteilung können Sie dazu lesen, wie sich die drei Hauttypen erkennen lassen und wie sie in erster Linie zu pflegen sind.

Normale Haut

Der normale Hauttyp steht für einen makellosen Teint. Ein makelloser Teint ist ein Schönheitsideal, welches stets von der Bevölkerung als wichtig und gut anerkannt wird. Es gibt unzählige Möglichkeiten, die Haut zu pflegen und solch einen Teint zu bekommen, beispielsweise können Sie zu einer Kosmetikerin gehen und sich dort ausreinigen lassen – etwas, was viele Menschen gerne tun, allein schon deswegen, weil sie sich danach besser fühlen. Der normale Hauttyp ist ein Zeichen davon, dass weder Make-up noch andere negative Einflüsse die Haut und ihren Säureschutzmantel gebrochen und verändert haben. Der Schutz des Hypolipidfilms, dem Wasser- und Fettfilm der Haut, ist in diesem Stadium am stärksten. Es treten keinerlei Schuppungen, keine Pickel, keine Rötungen und keine weiteren Erkrankungen auf – ein Wunsch, den jeder hat. Nur leider läuft es nicht immer so, wie man es sich wünscht. Der Säureschutzmantel der Haut wankt ständig, allein deswegen, weil stetig Einflüsse auf ihn treffen und er die Haut verteidigen muss. Bakterien, Strahlung und Schadstoffe sind immer als Angreifer der Haut zu identifizieren. Ist die Haut jung und stark, kann sie sich gut wehren, nimmt jedoch ihre Elastizität und ihr Säureschutzmantel ab, haben die Angreifer praktisch freie

Bahn.

Die Pflege dieser unproblematischen Haut ist denkbar einfach. Wasser sollte neben sanften Produkten, die das Altern verlangsamen, das Einzige sein, was die Haut berührt. Denn die nahezu perfekt arbeitenden Schweiß- und Talgdrüsen sind lediglich im Alter anfällig, da sie dabei zu trocken werden können und eine aufwendigere Pflege benötigen. Ein wenig Wasser und etwas Pflege auf einer Öl-Wasser-Basis sind schon ausreichend, um diesen Hauttyp in der Pflege glücklich zu machen – sofern keinerlei extreme Schadstoffe wie zu intensives, dauerhaft haftendes Makeup oder Schadstoffe von der Straße etc. dazukommen.

Fettige oder unreine Haut

Bei diesem Hauttyp kommen die Talgdrüsen einer Turbine gleich. Glänzende Haut ist der erste und einfachste Erkennungspunkt dieses Hauttyps. Die Talg- und Schweißdrüsen produzieren vermehrt Fett und genau diese Überproduktion kann nicht schnell genug abgebaut werden – ein Festmahl für Mitesser und Akne. Vor allem die Pubertät ist durch die Umstellung der Hormone davon belastet. Doch sind diese Jahre erst einmal vorbei, ist es meist so, dass die Probleme weg sind. Ist dem jedoch nicht so, muss eine besondere Pflege zugezogen werden. Bitte bedenken Sie auch, dass die intensive Fettschicht der Haut ein besseres Polster gegenüber äußeren Einflüssen ist und damit mehr vor Radikalen und Schadstoffen schützt als der Säureschutzmantel der normalen Haut. Dennoch benötigt fettige Haut eine Pflege, die überschüssiges Fett entfernt – auch, wenn dieses Fett die Haut früh vor Falten schützt, da sie eben durch die mangelnden Einflüsse von außen weniger angegriffen wird und demnach weniger altert. Vor allem im Winter haben Menschen mit fettiger Haut einen weiteren großen Vorteil. Die Pflege, die sie aufwenden, können sie beibehalten, denn fettige Haut hält selbst trockene Heizungsluft aus.

Dieser Hauttyp bekommt vor allem seborrhoische Ekzeme. Das sind weiß-gelbliche Schuppen, die sich um die Augenbrauen und die Nase winden. Aber auch auf der Brust und in der Schweißrinne zwischen den

Schulterblättern bilden sie sich. Zur Pflege dieser Haut ist der beste Weg, warmes Wasser mit einer Öl-in Wasser-Emulsion zu verwenden.

Vorsicht!

Bitte beachten Sie, dass Alkohol stets die Haut austrocknet, auch wenn dies in vielen Produkten enthalten ist.

Mischhaut

Mischhaut ist die Haut, die zwischen normaler Haut, trockener Haut und fettiger Haut schwankt. Es bilden sich vor allem in der T-Zone oftmals fettige Hautstellen und an den Wangen und Schläfen meist trockenere Haut. Die Haut befindet sich im Ungleichgewicht und wird im Alter eher trocken. Eine große Gefahr für Mischhaut ist es, Rosacea zu bekommen. Diese Erkrankung zeigt sich durch sichtbare Äderchen und dauerhafte Rötungen. Ebenso sind Pusteln und Hautknötchen, angelehnt an Aknepickel, oft existent. Insbesondere die Nase ist oft von solchen Wucherungen belastet.

Beim gemischten Hautbild ist die Pflege etwas schwierig. Hautstellen, die fettig sind, sollten mit einer sanften Reinigung betraut werden, während trockene Bereiche meist rückfettende Stoffe benötigen und eher kühleres Wasser. An Stellen, an denen die Haut trockener ist, entstehen mehr Falten, welche aber mit der richtigen Pflege schnell verschwinden und wegbleiben können.

Trockene Haut

Dieser Hauttyp hat die größten Probleme. Obwohl viele Menschen über fettige Haut jammern, sind die Menschen, die trockene Haut haben, weit schlimmer dran, denn trockener Haut fehlen gleich mehrere Dinge auf einmal, nämlich Feuchtigkeit und Fett. Damit ist eine schnellere Faltenbildung gewährleistet und die Haut schmerzt und spannt öfters. Die

Haut wirkt dann glanzlos, rau und schuppig. Vor allem das Jucken stört und schadet den Betroffenen. Die Haut fühlt sich ständig an, als würde sie fremd und wie ein Trampolin angespannt sein.

Trockene Haut hat vor allem das Problem, dass Bakterien besser ihren Weg in die empfindliche Haut finden und damit verstärkt Krankheiten auslösen. Dazu gehören insbesondere Dellwarzen, Reizungen, Neurodermitis, Asthma und Allergien. Ebenso sind Austrocknungsekzeme mit Entzündungen der Fall. Diese Austrocknung zeigt sich in dem Sinne, dass die Haut an der Stelle wie eine Art ausgetrocknetes Flussbett aussieht. Da der Talgmangel den natürlichen Säureschutzmantel nicht aufrecht erhalten kann, ist eine erhöhte Pflege notwendig. Oftmals ist selbst eine gute Pflege für sehr trockene Haut kaum ausreichend und ein Arzt sollte konsultiert werden.

Vorsicht!

Lassen Sie keine alkoholischen Reinigungswasser etc. an trockene Haut. Dies trocknet die Haut noch mehr aus. Greifen Sie lieber vermehrt zu Produkten auf Wasser-in-Öl-Basis.

Doch trockene Haut hat auch Vorteile. Sie ärgern sich weniger mit Pickeln und Mitessern herum. Lediglich die gute Pflege im Alter ist wichtig und mindert Falten, denn nach einigen Einschätzungen sind Hauterkrankungen allein durch eine Pflege, die konsequent durchgeführt wird, gut zu vermeiden. Leider ist bei einer empfindlichen, trockenen Haut selbst Wasser oft sehr unangenehm und sollte niemals unterschätzt werden.

Welche Inhalte sind in der Naturkosmetik enthalten?

STOFFE, DIE NICHT IN NATURKOSMETIK ENTHALTEN SIND

Im Vergleich zu Naturkosmetik enthält herkömmliche Kosmetik viele Stoffe, die extrem schädlich sind, vor allem auf eine längere Zeit hin. **Parabene** sind Konservierungsstoffe, die vor allem im Haarwaschmittel enthalten sind. Paraben-Verbindungen sind jedoch nicht nur in herkömmlichen Shampoos existent, auch in Cremes, Zahnpasta und Co. sind diverse Paraben-Verbindungen enthalten. Doch was ist falsch an Parabenen? Parabene haben eine hormonelle Wirkung. Die hormonelle Wirkung von Parabenen gleicht denen der weiblichen Geschlechtshormone, dem Östrogen. Vor allem Schwangere, Kleinkinder, Jugendliche und Föten sind von diesen negativen Stoffen beeinträchtigt.

Zu bedenken ist jedoch auch, dass nicht alle Parabene gefährlich sind. Laut der EU-Kommission sind viele Paraben-Verbindungen sogar komplett ungefährlich, rein aus wissenschaftlicher Ansicht. Doch im Jahr 2015 fand eine Senkung der Parabenkonzentrationen statt. Die Verwendung der Konservierungsstoffe Butylparaben und Propylparaben sind seit dieser Entscheidung stark gesenkt worden, da diese Stoffe Einfluss auf das Hormonsystem selbst nehmen, so zumindest die Vermutung der Forscher. Andere Parabene wie Isopropyl-, Isobutyl-, Pentyl- und Phenylparabene haben sogar einen starken Einfluss auf die Bildung von Krebszellen. Damit jedoch nicht genug. Es werden zudem auch Unfruchtbarkeit, Diabetes, verfrühte Pubertät und auch Krebsarten, die auf einer hormonellen Bildung basieren, ausgelöst. Dazu zählen Hodenkrebs, Prostatakrebs und leider auch Brustkrebs.

Im Kontrast dazu sind Produkte im Bereich der Naturkosmetik frei von Paraben-Verbindungen. Diese sind glücklicherweise in Naturkosmetik gesetzlich verboten und diese sollte allein schon aufgrund der gesundheitlichen Risiken von Parabenen verwendet werden.

Doch woran erkennen Sie nun, ob Parabene enthalten sind in einem Produkt? Ganz einfach, suchen Sie nach Begriffen wie Methylparabene, E-hylparabene, Pentylparabene, Benzylparabene, Phenylparabene, Butylparabene, Propylparabene, Isoprobylparabene und Isobutylparabene. Diese Begriffe sind ein sicherer Indikator, dass das Produkt nicht den Richtlinien der Naturkosmetik folgt und demnach auch gemieden werden sollte – zumindest, wenn Ihnen Ihre Haut wertvoll ist.

Achtung!

Besteht bei Ihnen der Verdacht, dass Sie auf bestimmte Duftstoffe allergisch reagieren könnten, empfiehlt es sich, diese Produkte lieber zu meiden und nach einem anderen Produkt Ausschau zu halten. Lesen Sie bitte stets die Inhaltsstoffe, anstatt die Produkte vertrauensvoll blind zu kaufen.

Ebenso sind **Duftstoffe** ein lockender Bestandteil von herkömmlicher Kosmetik. Diese Stoffe sind stets in der Lage, selbst bei gesunden Menschen Allergien auszulösen. Der Grund, wieso diese Duftstoffe in den Produkten enthalten sind, ist, dass Duftstoffe eine positive Wirkung ausüben. Wie auch das Auge mit isst, so riecht die Nase beim Kauf von Pflegeprodukten ebenfalls mit. Der Geruchsinn hat schon in der frühen Evolution des Menschen eine Rolle gespielt und Dinge, die eben seltsam oder schlecht gerochen hatten, wurden als schlecht und unbrauchbar abgestempelt, wenn nicht gar als gefährlich. In der modernen Zeit wollen die Menschen gut riechen. Sauberkeit, ein gepflegtes Erscheinungsbild und ein guter Geruch sind essenziell, um in der Gesellschaft überhaupt akzeptiert zu werden. Deswegen geben die Hersteller von Kosmetik- und Pflegeprodukten eben Duftstoffe wie Rosenduft, Lavendelduft etc. hinzu, um ihre sonst entweder seltsam riechenden oder neutral riechenden Produkte für den Kunden attraktiver zu gestalten. Auch sind vor allem Düfte, die hormonelle Reaktionen beim anderen Geschlecht auslösen, sehr beliebt, beispielsweise Moschusdüfte, sog. polyzyklische Moschusverbindungen, sind für Frauen sehr attraktiv und seit der Evolution ein Zeichen von anziehender Männlichkeit. Gleichsam arbeitet die Kosmetikindustrie mit Düften, die von Männern an Frauen attraktiv gefunden werden. In Tierversuchen wird dabei zwar die anfängliche Verträglichkeit der Produkte getestet, jedoch sind all die Produkte, die mit Duftstoffen zugesetzt wurden, mehr gesundheitsgefährdend als gesundheitsfördernd, insbesondere deswegen, weil der Hormonhaushalt damit völlig aus dem Gleichgewicht gebracht wird und dadurch nicht nur Krebs und Allergien, sondern auch Hautprobleme etc. entstehen können.

Die Frage, wie Sie Duftstoffe in den Produkten erkennen, ist simpel zu beantworten. Suchen Sie einfach nach Begriffen wie Eugenol, Citral, Cinnamal, Coumarin, Farnesol, Citronellol und Limonene. Natürlich gibt es noch eine breite Palette an weiteren Duftstoffen, dies ist nur ein Auszug dessen, was Sie meist unbemerkt Ihrem Körper an Schadstoffen zuführen, auch wenn diese toll riechen.

Betreffend der Naturkosmetik und der Zuführung von Duftstoffen kann gesagt werden, dass in herkömmlicher Kosmetik eine Vielzahl dieser Stoffe genutzt wird, aber auch die Naturkosmetik ist nicht ganz ohne Duftstoffe anzutreffen. Leider muss auch die Naturkosmetik mit Duftstoffen arbeiten, um den Kunden für sich gewinnen zu können. Dabei sind ebenso, auch, wenn im geringeren Maße, Duftstoffe wie Linalool, Citral und Coumarin enthalten. Diese Stoffe sind ebenso fähig, Allergien auszulösen.

Ebenso wie im Waschmittel sind auch Tenside, auch Emulgatoren genannt, in Pflegeprodukten enthalten. Diese Stoffe sorgen praktisch dafür, dass Schadstoffe freien Zugang haben. Tenside oder Emulgatoren sind z. B. Sodium-Lauryl-Sulfate, die auch in Shampoos, Zahnpasta und Co. enthalten sind. Diese PEG-Derivate oder auch PEG-Derivate sind stark genug, um die Haut durchlässig zu machen, was eben dazu führt, dass die Schadstoffe nicht davon abgehalten werden, in die Haut einzudringen.

Insbesondere Haut, die sehr empfindlich ist, sollte nicht mit solchen Stoffen belastet werden, denn dadurch wird sie noch durchlässiger und die Gefahr für Hautkrankheiten und Infektionen steigt rapide an. Gleichsam sind oft krebserregende Stoffe wie Ethylenoxid darin, die nicht nur die Gesundheit, sondern auch die Umwelt stark belasten. Die Herstellung solcher Stoffe hat ihre Grundlage auf Erdöl, diese Verbindungen sind extrem schwer in der Natur abzubauen. Wenn Sie also Duschgels, Shampoos und Co. mit solchen Stoffen verwenden, werden stetig Wasser und Pflanzen damit vergiftet. In Bezug auf die hiesige Monokultur, die ohnehin sehr anfällig gegenüber Schädlichem und Giftstoffen ist, sollte in diesem Fall ein Umdenken stattfinden.

Wissenswertes

Wussten Sie, dass ein Tropfen Erdöl etwa 600 bis 1000 Liter Trinkwasser vernichten kann? Wobei es nicht einmal Trinkwasser sein muss, denn Ölkatastrophen im Meer, beim Transport vom Rohstoff Öl, sind in nahezu regelmäßigen Abständen extrem verheerend.

Diese Sulfate, also Sodium-Lauryl-Sulfate, trocknen die Haut eher aus, was unweigerlich zu Hautreizungen führt. Diese Hautreizungen treten dann auf lange oder kurze Sicht auf.

Erkennbar sind solche Stoffe als PEG, einer Abkürzung, die meist mit einer Nummer kombiniert wurde, z. B. PEG-32 oder Ähnliches. Aber auch ein „-eth“ im Namen eines Stoffes ist ein Indiz für die Verwendung solcher schädlichen Bestandteile.

Glücklicherweise sind auch diese Stoffe in Naturkosmetik nicht zugelassen, was Ihnen den Vorteil verschafft, Naturkosmetik unbedenklich zu konsumieren und damit Ihrer Haut mehr zu helfen, als ihr zu schaden.

Aluminiumsalze oder Aluminium ist vorwiegend in Deos

enthalten. Wenn Sie sich die Inhaltsstoffe eines Deos einmal ansehen möchten, werden Sie schnell sehen, dass Aluminium gerne genutzt wird. Dabei wird der Name Aluminiumsalze eher weniger benutzt, sondern vielmehr der Begriff Antitranspirant. Zwischen dem gewöhnlichen Deo und einem Antitranspirant gibt es einen entscheidenden Unterschied, nämlich, dass Deos nur den lästigen Schweiß-Geruch bedecken, Antitranspirante jedoch eher gegen das Schwitzen selbst arbeiten, indem sie es entweder komplett verhindern oder stark reduzieren. Leider ist der Unterschied beider Produkte im gesellschaftlichen Gebrauch eher unbekannt und wird gleichermaßen synonym verwendet.

Leider haben Antitranspirante eine sehr schlechte Eigenschaft, nämlich, dass diese die Poren verschließen, um damit den Schweißfluss zu hemmen. Eine gesunde Haut jedoch braucht den Schweißfluss, um sich abzukühlen und den natürlichen Schutzfilm der Haut mit aufrecht zu erhalten. Schlimmer wird es aber nach einer Rasur. Viele Menschen rasieren sich und tragen danach Antitranspirante auf. Dabei gelangen die Aluminiumsalze durch die angegriffenen Poren in die Haut und können unweigerlich bei verletzter und gereizter Haut mit der Dauer der lebenslangen Anwendung große Schäden anrichten. Forscher vermuten, dass Aluminiumsalze, aber auch Aluminium selbst, nervenschädigend agieren kann. Damit entstehen Folgen wie reproduktionstoxische Wirkungen, also negative Auswirkungen auf Fruchtbarkeit und Föten im Mutterleib. Auch Krebs soll dadurch ausgelöst werden sowie Alzheimer, eine traurige Krankheit, die dem Krebs in kaum etwas nachsteht. Für die Nachweisbarkeit fehlen aber noch immer genügend wissenschaftliche Belege, die das Verbot von Antitranspiranten verursachen könnten.

Erkennen können Sie diese gefährlichen Stoffe, indem Sie Aluminium-Chlorohydrate oder auch Aluminiumchlorid in der Liste der Inhaltsstoffe lesen. Produkte mit den Begriffen Antitranspirant oder auch Antiperspirant gilt es, zu vermeiden.

Naturkosmetik verzichtet vollends auf Aluminium in den Produkten. Viele Hersteller schreiben bereits von sich aus auf die Verpackung, dass ein Produkt frei von Aluminiumsalzen ist. Jedoch ist beim Kauf von Naturkosmetik keinerlei Bedenken dafür gegeben, denn ein klares Verbot der Beifügung von Aluminium ist auch gesetzlich gegeben.

Der Punkt mit dem **Erdöl in der Kosmetik** ist noch immer ein Punkt, der rege diskutiert wird. Da Erdöl an sich schon sehr knapp ist und mittlerweile die Frage nach künftigen Ressourcen an erster Stelle steht, sollte auch darüber nachgedacht werden, diese Stoffe gar nicht mehr in der Kosmetik und in der Pflege zu verwenden. Wenn Sie die Verpackungen genauer lesen, werden Sie feststellen, dass vor allem in Handcremes, Duschgels, Make-up und Co. noch zu viel von diesem Stoff enthalten ist, und zwar in der herkömmlichen Kosmetik. Die herkömmliche Kosmetik kann nicht auf Erdöl verzichten, zumindest nicht ganz.

Der Grund, weshalb die herkömmliche Kosmetik Erdöl verwendet, ist, weil insbesondere bei Handcremes und Lippenstift eine rückfettende Komponente benötigt wird. Der Begriff Paraffine ist dabei ein Indiz dafür, dass die herkömmliche Kosmetikindustrie versucht, der Haut Pflege zuzuführen. Kein Kunde möchte einen Lippenstift kaufen, der keinerlei pflegende Funktion beinhaltet. Die Zuführung von künstlichen und schädlichen Stoffen ist dabei vor allem ein Problem, weil viele Frauen tagtäglich bereits in jungen Jahren Make-up tragen und sich damit ihre bisherige gesunde Haut zerstören. Ebenso wird dadurch der pH-Wert der Haut verändert und auch der Hauttyp verändert sich unter Umständen. Zwar nicht der Hauttyp betreffend der UV-Empfindsamkeit, was allerdings auch nicht auszuschließen ist, sondern mehr die Empfindsamkeit der Haut betreffend der Trockenheit und der Elastizität.

Nicht nur, dass diese ölhaltigen Produkte durch ihre Herstellung, allein durch den Gebrauch von Erdöl, die Umwelt zerstören und ganze Wälder dem Erdboden gleichmachen, sondern auch noch die Haut „verkleben" und damit ein Atmen der Haut unmöglich machen. Die Folge sind Hautkrankheiten, Krebs etc. Anstelle von Pflege erfährt die Haut nur noch mehr Austrocknung, während sie oberflächlich zart und weich erscheint. Am schlimmsten sind die Aussagen „gesund/schön aussehendes

Haar/Haut". Bedenken Sie bitte, was Ihnen das sagen soll. Sollen Ihre Haut und Ihr Haar nur gesund und schön aussehen oder es auch sein?

Pflegeprodukte werden auch sehr gerne mit sog. Mineralöl-Substanzen versehen. Das sind sozusagen gesättigte Mineralöl-Kohlenwasserstoffe oder auch aromatische Mineralöl-Kohlenwasserstoffe, die dort verarbeitet werden. Schlimm ist zudem, dass diese Stoffe sich leicht in den Organen einlagern und dort nachhaltig Schäden anrichten. Dabei treffen sie auf gesunde Zellen, deren Erbgut dadurch verstärkt verändert werden kann. Die Folge davon ist, dass Krebszellen sich in einer höheren Rate ausbilden können.

Doch wie können Sie diese Stoffe erkennen? Suchen Sie nach Begriffen wie Paraffin Liquidum, Vaseline, Mineral Oil, Isoparaffin, (Microcrystalline) Wax, Ozokerite, Ceresin, Petrolatium und Cera Microcristallina. Wenn Sie vollkommen von solchen Stoffen unabhängig sein wollen, dann hilft es nur, auf Naturkosmetik umzusteigen, denn leider sind noch weit schwieriger zu erkennende Inhaltsstoffe auf Erdölbasis existent, die Sie als Otto-Normalverbraucher nicht erkennen können.

Die Frage, wie gefährlich Mikroplastik ist, ist noch nicht ganz abschließend geklärt. Mikroplastik ist ein großes Problem. Allein die Tatsache, dass das Plastik der Verpackungen über Jahrhunderte im Meer bleibt und dort zersetzt wird, jedoch in Mikroform zurückbleibt, ist mehr als bedenklich. Vor allem deswegen, weil Wasser das Grundelement ist, um Leben zu schaffen, und auch für Ihre Haut ein essenzieller Bestandteil ist. Mikroplastik ist aber auch noch immer in der herkömmlichen Kosmetik enthalten und die nahezu unsichtbaren Kunststoffkügelchen sind so schwer zu filtern, dass diese unweigerlich im Wasserkreislauf landen. Die Schäden, die durch Mikroplastik entstehen, sowohl im Meer als auch in unserem Nahrungskreislauf, sind bisher noch gar nicht absehbar. Allein, dass in jedem Fisch, den Sie essen, Mikroplastik sein könnte, ist schon erschreckend. Die Nutzung von Mikroplastik in der Kosmetik als Peelingmittel ist damit noch fragwürdiger.

Das Erkennen von Mikroplastik ist relativ einfach. Auch, wenn der

Verzicht der Hersteller auf Mikroplastik wachsend gewollt ist, kommt es zwar zum Verzicht von Weichplastik, aber die Verwendung von festen Plastikpartikeln ersetzt die weichen Plastikpartikel. Insbesondere Peelings sind davon betroffen, aber auch viele Duschgels, mit oder ohne Peelingeffekt. Mikropastik, auch Polymere, sind gleichsam gefährlich für die Umwelt und die körpereigene Gesundheit und sollen nach Ansicht von Bund und Umweltschutz in flüssiger, geoförmiger Form ausgetauscht werden. Zudem sollten Sie die folgenden Stoffe meiden: Polyamide, Polyacrylate, Polymethylmethacrylate, Polyethylene, Polyethylene, Polyurethane, Polystyrene, Acrylate Crosspolymer und Acryllate Comolymer. Auch synthetische Polymere wie Acryllats Copolymer, Acrylates Crosspolymer, Polyquaternium und Polyacrylate sind Stoffe, die Sie vermeiden sollten.

Wichtig

Der Verzicht von Plastik sollte stets in Ihrem Interesse liegen – nicht nur allein für Ihre Haut, sondern auch für die Umwelt, insbesondere deswegen, weil die Natur mit uns verbunden ist und alles, was wir ihr antun, zu uns zurückkommt.

Palmöl ist gleichsam ein Klassiker, der sehr gerne in Lebensmitteln, Kosmetik und vielem anderen verwendet wird. Der Grund für die Verwendung von Palmöl ist die rückfettende und antioxidative Wirkung, aber der Hauptgrund ist eher die günstige Verwendung. Glücklicherweise wird in der Naturkosmetik darauf verzichtet und auf natürliche rückfettende Bestandteile zurückgegriffen. Wieso Palmöl so gefährlich ist, ist auch mit der Frage der Gewinnung des Rohstoffes zu erklären. Denn dadurch wird in Südostasien und weiteren Bereichen eine riesige Zerstörung der Umwelt getätigt. Das Zerstören des Regenwaldes und das Roden der Wälder allgemein nimmt Tieren und Pflanzen den Lebensraum. Eine Verantwortung, die Hersteller von Naturkosmetik nicht auf sich nehmen, da sie darauf verzichten. Das Erkennen von Palmöl in der Kosmetik ist durch Begriffe wie palm oder palmitate möglich. Cetearyl Alkohol, Glyceryl Stearate oder auch Stearic Acid sind Begriffe, die Palmöl gekonnt verstecken. Allerdings ist es nicht immer leicht, auf Palmöl zu verzichten, selbst für die Naturkosmetik nicht, nur dass hier eben ein bio-zertifiziertes Palmöl verwendet wird. **UV-Absorber und UV-Filter** sind nicht nur in Lippenbalsam, Make-up und Sonnencremes enthalten, sondern auch in diversen Cremes. Die Aufgabe dieser Filter ist es, dass die Produkte neben der Pflege vor UV-Strahlen schützen sollen. Dabei sind natürlich die chemischen Filter mehr als bedenklich und sollten von Ihnen stets vermieden werden. Leider sind viele dieser UV-Absorber und UV-Filter auch hormonell wirksam, was nicht nur den Hormonhaushalt aus dem Gleichgewicht bringt, sondern auch Allergien auslösen kann. Insbesondere Schwangere sind dabei gefährdet. In einigen Ländern gibt es mittlerweile Verbote von herkömmlicher Sonnencreme, da die Touristen und Badegäste die Sonnencreme im Meer abwaschen und damit die Korallen geschädigt werden. Chemische UV-Filter werden insbesondere auch als krebserregend eingestuft und Begriffe wie Benzophenone-3, Benzophenone-4, Benzophenone-5, Ethylhexyl Methoxycinnamat, Octocrylene, Homosalate, Isoamyl Methoxycinnamate, Octyl Methoxycinnamate, 4-Methylbenzylidene Camphor, Butyl Methoxydibenzolmenthane und Ethylhexyl Dimethyl PABA deuten auf sie hin. Stoffe wie Titanium Dioxide und Zinc Oxide sind UV-Filter, welche mineralische Filter sind und die UV-Strahlung der Haut wie ein Spiegel abwehren. Oftmals sind diese Filter in biologischer Sonnencreme enthalten, eine Sonnencreme, die man durchaus der Naturkosmetik zuordnen kann. Generell ist das Erkennen von Inhaltsstoffen in Naturkosmetik schwer zu deuten, da die Stoffe oftmals begrifflich versteckt werden. Dabei können Sie Dienste wie Codecheck und ToxFox zu Rate ziehen. Viele Hersteller haben sich einen Namen als Naturkosmetikhersteller gemacht, darunter fallen z. B. Weleda, Valverde, Alterra und Lavera.

Suchen Sie einfach in Bio-Läden, Apotheken, Drogerien und in diversen Online-Shops nach guten Produkten.

Stoffe, die definitiv in Naturkosmetik enthalten sind

Generell kann gesagt werden, dass Anti-Aging ein großes Thema ist, welches die Menschen schon früh beschäftigt. Je mehr das Schönheitsbild einer jungen, schönen, gesunden Haut gefordert wird, desto mehr wird Anti-Aging und Hautpflege in den Vordergrund gerückt. Dabei können folgende Nährstoffe genannt werden, die sich auch in Naturkosmetik finden lassen:

Vitamin C als Antioxidans

Vitamin C ist sehr hochgepriesen, sowohl in der Gesundheitsbranche als auch in der Kosmetik. Denn Vitamin C beugt nicht nur Hautschäden vor, es wirkt auch gegen Altersflecke und ist ganz besonders wichtig für eine Verbesserung der Kollagensynthese. Das Antioxidans ist auch oft in Obst und Gemüse enthalten, dabei enthält die Zitrone nicht einmal das höchste Maß an Vitamin C. Grüngemüse wie Brokkoli, Grün- und Rosenkohl, Sanddorn, aber auch andere Früchte wie Beeren sind sehr gute Lieferanten für Vitamin C, insbesondere Hagebutte, schwarze Johannisbeere, Brombeeren etc. Dadurch wird die Zellstruktur gestützt und die Haut regeneriert.

Vitamin E als Antioxidans

Die Zuständigkeit von Vitamin E ist neben der Stärkung der Hautbarriere auch die Befeuchtung der Hornschicht. Vitamin E wird auch Tocopherol genannt und nicht nur in der Ernährung dringend benötigt, sondern auch in der Pflege. Naturkosmetik ist voll von Vitamin E und kann frei von Gift- und Schadstoffen die Regeneration der Haut fördern, indem die Zellbildung angeregt wird. Die Wirkung von Vitamin E betrifft auch den Schutz vor schädlichen Einflüssen aus der Umwelt – Nikotin, UV-Strahlung und weitere Schadstoffe. Dieses Vitamin ist speziell in Nüssen und guten Pflanzenölen enthalten und sollte angemessen der Ernährungsempfehlungen genossen werden.

Vitamin B

Vitamin B hat den Ruf, dass es gut für die Nerven ist. Äußerlich angewendet wirkt Vitamin B3 als Feuchtigkeitsspender für die Zellen, während es gleichsam das Hautbild verfeinert und der Haut hilft, in gesundem Maße Fette auszubilden. Innerlich wirkt Vitamin B3 sehr gut, indem Sie Fisch, Pilze und Fleisch genießen. Während Vitamin B9, welches auch Folsäure genannt wird, das Zellwachstum unterstützt, können Sie dieses Vitamin vor allem in Blattgemüse, Hülsenfrüchten und Vollkornprodukten finden.

Betacarotin als Schutz der Zellen

Äußerlich wird Vitamin A vor allem zum Schutz vor schädlichen UV-Strahlen zugeführt. Die Senkung des Risikos für sonnenbedingte Hautschäden sowie die Unterstützung der Zellerneuerung sind essenzielle Funktionen, die insbesondere für den Sonnenschutz wichtig sind. Dieser Stoff ist in Möhren, in Broccoli, in Aprikosen und in Paprika enthalten und er ist fettlöslich.

Polyphenole als Antioxidantien

Diese sekundären Pflanzenstoffe sind Antioxidantien und bekämpfen freie Radikale. Dadurch werden Entzündungen vermindert, Keime abgewehrt und Schäden repariert. Die Verhinderung des Abbaus durch altersbedingte Verhältnisse ist eine Eigenschaft, die diesem Pflanzenstoff zugeschrieben wird. Die Stoffe, welche als polyphenolhaltige Pflanzenextrakte innerhalb der Kosmetik verwendet werden, sind gerne in Weintrauben, grünem Tee, Granatapfel, Kaffee, Walnussöl und Olivenöl enthalten. Außerdem enthalten vor allem Vollkornprodukte, Obst und Gemüse diesen sekundären Pflanzenstoff. Ein Verzehr der Schale ist demzufolge sehr zu empfehlen.

Biotin für die Regeneration

Dieser Stoff wird auch Vitamin H genannt und hat die Aufgabe, die Regeneration der Zellen zu unterstützen. Außerdem ist der Stoff wichtig für den Stoffwechselprozess betreffend des Zellwachstums. Auch wird die Hornschicht gestärkt und die Lipidsynthese unterstützt. Enthalten ist der Stoff in Eigelb, Leber, Nüssen, Haferflocken, Spinat und Hülsenfrüchten. In Spuren ist dieser Stoff in natürlichen Lebensmitteln enthalten.

Lycopin für ein strahlendes Aussehen

Dieser Stoff ist hauptsächlich und sehr konzentriert in Tomaten enthalten. Dadurch wird insbesondere durch den Verzehr von Tomaten die Haut zu einem strahlenden Aussehen gebracht. Dieser Stoff wird auch anerkannt als ein Stoff, der Feuchtigkeitsverluste ausgleichen kann und gleichermaßen den Schutz der Zellen vor oxidativen Angriffen von freien Radikalen aufbaut. Vor allem Lycopin ist ein effektiver Faltenkiller und Lebensmittel, die diesen Stoff enthalten, werden wie Beta-Carotin genutzt, um den Schutz vor UV-Schäden einzubringen.

Q10 – das Coenzym

Dieser Mikronährstoff ist oft in Hautcremes existent. Ein gutes Beispiel ist die Tagescreme von Nivea, die viel Q10 enthält. Er wird auch Ubichinon genannt und fördert als Schönmacher die Eigenproduktion der Zellen. Dieser Stoff fängt freie Radikale ein, sorgt für die Durchlässigkeit von wichtigen Botenstoffen und stabilisiert die Zellwände. Lebensmittel, die diesen Stoff enthalten, sind Fisch, Nüsse, Hülsenfrüchte, Kohl, Fleisch, Spinat und Kartoffeln.

Zink als Antioxidans und entzündungshemmendes Spurenelement

Zink in der Kosmetik wird in Form von Ionen verwendet. Die Produkte, die mit diesem Stoff versetzt sind, helfen bei unreiner Haut, Neurodermitis oder auch bei Psoriasis. Auch der Kollagenabbau wird dadurch gehemmt, ein Abbau, der in diesem Fall durch UV-Strahlung vonstattengeht. Wundheilung ist ebenso ein Effekt, den dieses Mineral auslöst. In Lebensmitteln hilft Zink bei der Regeneration der Zellen und ist sowohl in tierischen als auch in pflanzlichen Proteinen enthalten. Diese sind u. a. Austern, Weizenkeime, Hülsenfrüchte und Innereien.

Selen als Zellschützer

Durch diesen Nährstoff bleibt die Haut elastisch. Der Stoff bindet freie Radikale, stärkt das Immunsystem und setzt Schwermetalle außer Gefecht. Dieser Stoff ist in Fisch, in Hülsenfrüchten und in Nüssen enthalten.

Isoflavone regen die Zellerneuerung und die Kollagenproduktion an

Isoflavone sind für die Erhöhung der Hautdicke zuständig und wirken gegen Entzündungen und gegen Trockenheit. Sie sind in Sojaprodukten, Leinsamen und Erdbeeren enthalten und so in die Ernährung einzubinden.

Ungesättigte Fettsäuren

Mehrfach ungesättigte Fettsäuren sind ein wesentlicher Bestandteil der Ernährung und helfen bei wichtigen Zellfunktionen. Darin ist viel Linolsäure enthalten, welche Entzündungen abschwächen und gegen trockene und sehr trockene Haut arbeiten. Omega-3-Fettsäuren fördern eine gesunde, feuchte Haut, trockene Haut ist ein Zeichen für einen Mangel an Omega-3-Fettsäuren. Dazu ist der Verzehr von Hering, Lachs, Makrele, Sardinen und Thunfisch sehr gut geeignet. Äußerlich werden die Extrakte dieses Nährstoffs verwendet.

Inhaltsstoffe, die nur in wahrer Naturkosmetik enthalten sind

Chlorophyll

Der Blutfarbstoff der Pflanzen ist unserem sehr familiär. Dieser tolle Stoff beschleunigt die Wundheilung und wirkt als natürliches Anti-Aging-

Mittel. Der Blutfarbstoff Chlorophyll wirkt zudem entzündungshemmend, entgiftend sowie desinfizierend und ist in allen grünen Pflanzenteilen enthalten. Wenn Sie also viel grünes Gemüse mögen, sind Sie auf dem besten Weg, Ihre Jugend und Schönheit auf natürliche Weise zu erhalten, und das, ohne jegliche künstliche Zusatzstoffe.

Wasser

Wasser ist der wichtigste Stoff, wobei der Körper wohl der verschwenderischste Wasserverbraucher von allen ist. Der menschliche Körper ist darauf ausgelegt, viel Wasser zu benötigen, und damit ist es nicht verwunderlich, dass auch die Schönheitspflege von Wasser abhängt. Fakt ist jedoch auch, dass die Qualität und Herkunft des Wassers eine wichtige Rolle spielt. Ist das Wasser organisch, sprich in Pflanzen enthalten, ist es das beste Wasser, welches Sie Ihrem Körper zuführen können. Aber auch gutes Quellwasser aus den Bergen ist sehr gut. Beachten Sie stets, woher Ihr Wasser kommt, denn mit dem Anwachsen der Bevölkerung wird sowohl Trinkwasser als auch Nahrung knapp. Immer weniger naturbelassene Wasserquellen gibt es. Ihr täglicher Wasserverbrauch an Trinkwasser sollte dabei gut durchdacht werden. In Bezug auf organisches Wasser in Pflanzen ist der Nährwert besonders hoch, ebenso die Sauberkeit. Pflanzen strukturieren, mineralisieren, regenerieren und vitalisieren die Haut mit diesem Wasser. Allein der Genuss von frischem Obst und Gemüse ist sehr gut für eine gesunde Wasserversorgung.

Ätherische Öle

Jeder kennt ätherische Öle, sie finden an vielen Stellen Einsatz, ob bei Duftkerzen oder auch in der Körperpflege. Die chinesische Schönheitspflege hat einen Teil der Pflege auf ätherische Öle konzentriert und vielerorts sind ätherische Öle auch so angewendet, um die Gesundheit zu stärken. Ätherische Öle in ihrer Grundform sind natürliche Öle, aus Pflanzen gewonnen. Pflanzen bilden ätherische Öle durch Feuchtigkeit, Schleimstoffe und Fette. Vor allem in Parfüms sind ätherische Öle gern eingearbeitet. In ihrer natürlichen Funktion arbeiten ätherische Öle entweder anregend, beruhigend, erfrischend oder aber auch stimmungsaufhellend. Vor allem in Blüten und duftenden Pflanzen und Kräutern sind diese Öle enthalten, aber auch in Pflanzensamen, die sehr gesund und energiereich sind.

Gerbsäure

Gerbsäure ist in Knospen sowie in herben, zusammenziehenden Pflanzen enthalten. Vor allem Bäume wie Eichen, Birken und Weiden enthalten diese Säure. Dieser Stoff wirkt desinfizierend, zusammenziehend, entzündungshemmend sowie beschleunigend, was die Wundheilung betrifft. Damit wird die Haut gestrafft und das Hautbild verfeinert.

Schleimstoffe

Fleischige, aber auch schleimige Pflanzen beinhalten viel davon. Damit sind Linde, Aloe Vera und Co. tolle Lieferanten für die wichtigen Schleimstoffe, die wie Kohlenhydrate, aufquellend im Wasser, sind. Durch Schleimstoffe trocknet die Haut nicht aus und auch eine Überreizung wird weitestgehend vermieden. Die Feuchtigkeit unterstützt gleichsam auch die Hautregeneration und ist ein wichtiger Bestandteil der Naturkosmetik.

Flavonoide

Dieser Stoff in den grünen Freunden hat eine zellschützende und zellregenerierende Funktion. Flavonoide und deren antioxidative Wirkung bekämpfen freie Radikale. Dieser wertvolle Stoff ist in gelb-orangefarbenen Pflanzenteilen enthalten, also ein guter Grund, um Möhren täglich zu verzehren.

Saponine

Saponine sind die Seife der Natur. Diese waschaktiven Substanzen wirken wie eine Seife, nur eben auf natürlicher Basis. Sie wirken sowohl reinigend als auch klärend, entzündungshemmend, wundheilend, desinfizierend und durchblutungsfördernd. Pflanzen mit schäumenden Inhaltsstoffen sind unter dieser Kategorie zu finden. Der Efeu ist eine Pflanze davon, genauso wie Bohnen.

Phytohormone

Phytohormone sind Stoffe, die die Zellkommunikation innerhalb der Pflanzen steuern. Damit werden die Wachstums- und Entwicklungsprozesse reguliert. Dieser Stoff arbeitet im Körper wie ein Bio-Programm, welches sowohl für die Verjüngung als auch für die Regeneration und die Vitalisierung der Zellen zuständig ist. Insbesondere junge Pflanzenteile sind voll davon. Im Frühjahr können Sie viel davon finden, da die zarten Pflanzensprösslinge diese jungen Triebe austreiben.

Enzyme

Enzyme sind Stoffe, welche als unsichtbare Hintergrundkraft die Verwandlung von lebendigen Stoffen beeinflussen. Diesen Vorgang finden Sie bei der Umwandlung von Milch in Sauermilch, Fruchtsaft in Essig sowie Traubensaft in Wein und vielem mehr. Auch beleben Enzyme in Milchprodukten und Pflanzen die Haut. Enzyme sind in ausnahmslos allen Pflanzenteilen und damit auch in allen Pflanzenprodukten enthalten.

Vitamine, Spurenelemente und Mineralstoffe

Diese Stoffe sind speziell in frischen Pflanzenteilen enthalten. Sie geben der Haut Nahrung und unverzichtbare Nährstoffe. Die herkömmliche und die vermeintliche Naturkosmetik setzen diese Stoffe zu, während die Natur die Nährstoffe in einer perfekten Mischung gibt, ohne, dass Sie darüber nachdenken müssen. Eine Unterstützung der natürlichen Hautfunktionen ist damit mit frischen pflanzlichen Lebensmitteln am besten gewährleistet, diese sollten jedoch frisch und naturbelassen bleiben.

Naturkosmetik aus der Küche?

Warum Naturkosmetik aus der Küche? Die Frage ist an sich sehr einfach zu klären, denn alles, was Ihr Körper innerlich mag, mag auch Ihre Haut. Gesunde, frische und biologische Lebensmittel sind in der Ernährung unverzichtbar. Doch die Tatsache, dass die Haut das flächendeckendste, größte Organ ist, welches eine wichtige Position einnimmt, beweist, dass genau solche Lebensmittel auch der Haut schmecken. In früheren Zeiten wurden Lebensmittel sehr früh und ohne zu hinterfragen auch als Heilmittel und als Pflegemittel verwendet, denn natürliche Lebensmittel sind sehr wirksam und bekömmlich für die Haut. Und das Beste daran ist, dass diese Lebensmittel nicht nur jeder in der Küche hat, sondern dass diese auch noch wirklich günstig sind.

Insbesondere das Anti-Aging ist für die Pflege sehr wichtig. Die Pflege gegen das Altern beginnt eigentlich schon ab dem 30. Lebensjahr. Je empfindlicher und trockener die Haut wird, desto wichtiger wird diese Pflege. Damit können Alterserscheinungen wie Falten, Altersflecken, trockene Haut und vieles mehr vermindert werden. Asiatische Staaten mögen die Anwendung von Gesichtsmassagen und erreichen damit die bessere Durchblutung der Haut. Damit schaffen sie eine bessere Sauerstoffversorgung und eine bessere Zellaktivität. Fältchen werden so früh geglättet und Mimikfältchen können sich nicht zu tieferen Furchen ausbilden. Während der Behandlung wird insbesondere Öl verwendet, welches mit den Fingerspitzen einmassiert wird. Pflege ab dem 40. Lebensjahr wird gefordert, weil dadurch Knitter- und Trockenheitsfältchen entfernt werden können. Je älter die Haut wird, desto mehr verliert sie an Feuchtigkeit. Dazu werden verstärkt spezielle Cremes und Seren genutzt, um sowohl Feuchtigkeitsmangel als auch den Mangel an Kollagen und Elastin auszugleichen. Das Volumen der Haut wird dadurch ebenso erreicht. Hyaluronsäure, Vitamine, Antioxidantien, aber auch Retinol machen die Haut praller und glatter. Auch spenden sie Feuchtigkeit und vor allem die dünnen

Augenpartien benötigen spezielle feuchtigkeitsspendende Produkte. Tägliche Pflege für Tag und Nacht ist neben der Reinigung essenziell. Zudem dienen viele Produkte auch einem grundlegenden UV-Schutz sowie als Lichtschutzfaktor vor UV-Schäden.

Die Grenze des 50. Lebensjahrs ist der Zeitpunkt, an dem der Östrogenspiegel stark absinkt und der Körper sich hormonell verändert. Spätestens dann werden mehr Vitamin A, Vitamin C, Phytohormone und Kollagen, aber auch Elastin benötigt. Das 60. Lebensjahr ist das Lebensjahr, welches die Pflege ab dem 50. Lebensjahr verstärkt einfordert. Kosmetika mit pflanzlichen Ölen und Lipiden sind unverzichtbar. Besonders viel zu trinken ist in diesem Alter wichtig, da mit dem Alter der Durst sinkt. Ebenso ausreichender Schlaf, um die Wachstumshormone zu nutzen, sowie das Tragen großer Sonnenbrillen im Sommer sind sinnvoll, denn UV-Strahlung lässt die Haut vermehrt altern. Menschen, die viel Mimik betreiben, sind von Faltenbildung besonders betroffen. Mini-Fältchen sind der erste Schritt, der zu unansehnlichen Falten und Zornesfalten führt. Sport, gute Luft und Entspannung sind essenziell.

Wie oben schon erwähnt, unterscheidet sich die Haut von Männern und Frauen stets in Bezug auf ihre Bedürfnisse. Doch welche Unterschiede macht die Naturkosmetik zwischen den Geschlechtern? Für Männer ist es wichtig, täglich das Gesicht zu reinigen, aber auch das Trimmen der Ohren- und Nasenhaare ist essenziell. Männer sollten auch ihre Hände und Bärte gut pflegen. Auch die Verwendung von Deos und After-Shave kann mit natürlichen Stoffen getätigt werden. Für Männer gibt es eine Reihe an Pflegeprodukten, genauso für Frauen. Die Idee, speziell Kosmetik für Männer herzustellen, ist eine Antwort auf die verschiedenen Bedürfnisse der Haut der unterschiedlichen Geschlechter. Selbst Männer können Peelings aus Kaffee und Meersalz verwenden, aber auch Avocado und Honig als Maske sowie Ei und Olivenöl etc. als Haarkur helfen nicht nur bei der Pflege, sondern auch gegen Haarausfall und Co.

Der Vorteil von Naturkosmetik aus der Küche ist, dass keine Tiere leiden mussten. Zudem wissen Sie, was Sie in Ihrer Pflege haben. Des

Weiteren sollten Sie die Produkte stets frisch zubereiten und auch im Kühlschrank aufbewahren. Außerdem sind kleine Portionen tolle Geschenke für Freunde.

Naturkosmetik konzentriert sich nicht auf das äußere Erscheinungsbild in dem Sinne. Die Hilfe von innen heraus ist weit wichtiger als das reine Auftragen von herkömmlicher, chemischer Kosmetik von außen. Selbstverständlich können Sie diese spezielle Anwendung von Naturkosmetik auch äußerlich tätigen, da Ihre Haut auch isst. Andere Kulturen beweisen dies. Cleopatra nahm täglich Bäder mit Milch und Honig und Tiere finden instinktiv Heilung und Pflege an Pflanzen. Die Geschichte und die Evolution sind voll von solchen Beispielen und ein klarer Beweis für die Wirksamkeit der natürlichen Naturkosmetik. Dabei tritt klar hervor, dass eine Verwandtschaft mit unserem körpereigenen Blutfarbstoff mit dem grünen Blut der Pflanzen besteht. Hämoglobin, der menschliche Blutfarbstoff, ist sehr familiär mit dem grünen Blut der Pflanzen, dem Chlorophyll. Damit ist unsere Verwandtschaft mit den Pflanzen und der Natur deutlich nachgewiesen.

Essig als Basis

Essig wird sowohl in der Reinigung als auch in der Körperpflege verwendet, denn Essig ist in seiner Wirkung reinigend, desinfizierend, erfrischend, antiseptisch, aktivierend, fiebersenkend, hautverfeinernd, deodorierend und entgiftend. Dabei sind diverse Essigsorten sehr interessant. Dazu zählen Apfelessig, Balsam-Essig, Kräuteressig und Weinessig. Diese Essigsorten enthalten diverse Ballaststoffe, Mineralien, Fruchtsäuren, sekundäre Pflanzenstoffe und Vitamine. Besonders speziell ist Apfelessig. In der Nutzung für die Hautpflege verzeichnet der Essig in der Geschichte bereits viele Erfolge. Während die Babylonier Dattelessig zur Konservierung nutzten, wurde dieser auch zum Desinfizieren von Wunden sowie zur Behandlung von Prellungen, Schlangenbissen und Blutergüssen genutzt. In der Hautpflege der modernen Zeit hat sich nicht viel verändert. Essig ist ein Mittel, um Krankheitserreger von sich fernzuhalten. Ein Beispiel ist die Pestepidemie, bei welcher durch das Auftragen von Essig einige Leben geschützt werden konnten. In der Moderne wird Essig gerne als Tonikum eingesetzt, während das Hautbild verfeinert wird. Essig in Deodorants erfrischt und ist sogar dazu fähig, den Intimbereich freundlich zu stimmen. Bei der Haarpflege wirkt Essig, indem er Seife komplett aus dem Haar entfernt. Damit wird das Haar leicht kämmbar gemacht. Wenn Sie Essig mit Wasser verdünnen und dieses als Kompresse nutzen, hat dies eine abschwellende und entzündungshemmende Auswirkung. Ebenso ist Haut, die stark von Sonne belastet wurde, durch Essigauflagen schnell wieder zu regenerieren.

Essig können Sie auch selbst herstellen, was viel natürlicher ist. Damals wurde Wein oder Bier in ein bauchiges Gefäß gefüllt und es dauerte ein Jahr, bis die Gärung erfolgt war. Heutzutage ist es einfacher. Essigbakterien direkt zuzuführen, ist ein schnellerer Weg, wozu Essigessenz genutzt werden kann. Es ist möglich, Essig mit Essigmutter und ohne Essigmutter herzustellen. Letzteres geht sehr gut mit Essigessenz. Grundsätzlich ist es bei der Essigherstellung wichtig, einen Teil Essigessenz mit 25 % Säuregehalt sowie vier Teile Wasser oder ähnliche Flüssigkeiten zu vermischen.

Essig mit Essigmutter herzustellen, ist ebenso möglich. Dazu benötigt man nur etwas Essigmutter, ein bauchiges Gefäß und ein alkoholisches Getränk. Essigmutter lässt sich auch sehr einfach herstellen, indem Sie naturbelassenen Apfelessig, Wasser und Zucker nutzen.

Apfelessig als universelle Schönheitspflege

Apfelessig, auch Apfelweinessig, ist ein Heilmittel, welches gleichsam auch Pflegemittel ist. Apfelessig meistert tolle Dinge für den Organismus und hat auch eine gute Wirksamkeit beim Abnehmen, insbesondere, weil er dabei hilft, Zucker und Fett zu verarbeiten. Die Haut wird unglaublich schön geschmeidig, wobei Experten sagen, dass Apfelessig auch beim Abstoßen von alter Haut hilft. Ein Teelöffel oder ein Esslöffel in Saft oder Wasser gemischt, hilft auch innerlich. Pur ist es schwer, den Geschmack zu ertragen, da es ja Essig ist. Dabei sollte die Wahl stets auf Bio-Apfelessig fallen.

Warum Apfelessig? In Apfelessig sind **Vitamine** wie Vitamin A, B1, B2, Niacin, B6, Folsäure, B12, C, Phenol und Flavonoide, aber auch **Mineralstoffe** wie Kalium, Kalzium, Phosphor, Magnesium, Schwefel, Natrium und Chlor. **Spurenelemente** wie Fluor, Jod, Bor, Eisen, Kupfer, Mangan, Molybdän, Selen, Zink und Silizium sind gleichsam enthalten. Hauptsächlich ist Apfelessig für **Pektin** sowie für zahlreiche **Enzyme** bekannt. Ebenso sind organische Säuren enthalten, diese sind Essigsäure, Tannin, Zitronensäure, Propionsäure, Aminosäuren und Karbolsäure.

Übersäuerung durch Apfelessig?

Nein, eine Übersäuerung ist nicht möglich, da die Stoffe dem Körper sehr bekannt sind durch die körpereigenen Stoffe. Somit ist der Genuss von Apfelessig stets eine gute Sache.

Honig als Basis

Honig ist eine beliebte Süßspeise und ein bekanntes Süßungsmittel. Leider wird Honig auch industriell geschleudert. All die Honiggläser, die Sie im Supermarkt in den Regalen finden, sind so geschleudert, dass die guten Nährstoffe rausgeschleudert wurden. Seltener sind die guten Honige, die Imkerhonige, zu finden. Dabei können Sie sich auf naturbelassene Behandlung verlassen. Die natürlichen Sorten können dabei in verschiedenen Formen vorhanden sein. Dazu zählen sowohl der flüssige Honig als auch der cremige Honig und natürlich der kristallisierte Honig. Viele Imker sind privat und wollen sich etwas dazu verdienen. Es lohnt sich also, nach privaten Imkern zu suchen, da diese sehr gute Honige vertreiben.

Honig hat eine lange Geschichte hinter sich. Schon in der Antike wurde Honig als Nahrung und Heilmittel anerkannt. Aufgrund der guten Inhaltsstoffe ist der Honig ein perfektes Produkt. Man hatte in einem ägyptischen Grabmahl Honig gefunden, der noch immer haltbar und genießbar war. Der Honig galt als Nektar der Götter und wurde in der Antike sehr oft als Opfergabe dargereicht. Die Griechen fanden heraus, dass der Honig eine Art Allheilmittel für sie war und es gab Kulturen, die den Honig nutzten, um mit Essig eine Art altertümliches Heilelexier zu mischen, welches sowohl gegen Entzündungen als auch als auswurffördern-des Mittel genutzt wurde. Neben diversen Bienenprodukten wie Bienenwachs konnte die Haut wirklich gut davon profitieren. Ebenso wurden Bienenprodukte zu Salben gefertigt, die die Haut geglättet und geschützt hatten.

Honig ist für Ihre Hautpflege sehr gut. Er wirkt abschwellend, antiseptisch, entzündungshemmend, wundheilend, antibiotisch, feuchtigkeitsspendend, reinigend, glättend, hautregenerierend, erfrischend, verjüngend, hautberuhigend und aktivierend. Honig in der Hautpflege ist sowohl für die Haut als auch für das Haar sehr gut geeignet. Während kalt gerührter Honig die Haut pflegt und sie gleichsam gut peelt, sorgt kristallisierter Honig für eine gute Durchblutung. Honig in Cremes und Lotionen erhöht die Konsistenz und die Haltbarkeit der Naturprodukte. Zudem schützt Bienenwachs die Haut vor Austrocknung, während es sie elastisch macht und die Hautregeneration fördert. Einige Menschen, die eigene Cremes und Salben herstellen und dabei auf naturbelassene Inhaltsstoffe achten, wählen gerne Bienenwachs.

Wasser als Basis

Wasser ist der Ursprung des Lebens. Das Leben ist auch erst entstanden, als das Wasser da war. Und Jahrtausende brachten das Leben in die heutige Entwicklung. So ist es kein Wunder, dass unser Körper das Wasser zum Überleben nutzt. Alle Aktionen des Körpers basieren auf einem ausreichend existenten Flüssigkeitshaushalt. Jedoch ist der Körper des Menschen der größte Wasserverbraucher überhaupt. Aus der Geschichte heraus wird das Wasser als das Blut der Erde bezeichnet oder auch als Schwester, wie Franziskus von Assisi es ausdrückte. Doch Wasser ist nicht nur Leben, sondern auch ein sakrales Mittel. Weihwasser ist ein wesentlicher Bestandteil der Kirche und des Glaubens. Nicht umsonst sind diverse Religionen auf Reinlichkeit und Reinigung bedacht. Wasser steht für Fruchtbarkeit, während es den weiblichen Göttern zugeordnet wird. Auch die fließenden Kräfte des Kosmos basieren auf Wasser. Aus Wasser entsteht Milch und Fruchtwasser und Wasser wird der Fruchtbarkeitsgöttin Mokosch aus der Kultur der Anahitas zugeordnet. Doch nicht nur diese Göttin wurde mit Wasser und Fruchtbarkeit in Verbindung gebracht. Zudem wird Wasser als der Quell des Lebens, als sprudelnde Lebenskraft erachtet und im spirituellen Raum wird Wasser als Heilung geschätzt und es steht für seelische Tiefe. Ebenso in therapeutischen Bereichen wird Wasser sehr gerne verwendet, denken Sie nur einmal an Heilbäder und Wassergymnastik.

Wasser für die Haut- und Haarpflege sollte stets naturbelassen sowie lebendig sein und möglichst aus Gebieten kommen, in denen es durch Versickern und Sprudeln im Fluss gereinigt wird. Außerdem sollten Sie darauf achten, dass das Wasser durch die Versickerung diverse wichtige Nährstoffe aufgenommen hat. Fast alle Pflegeprodukte müssen auf Wasser zurückgreifen, ebenso wirkt Quellwasser gegen Hautreizungen, Schwellungen und Insektenstiche. Wasser, welches lebendig ist, vitalisiert, erfrischt, aktiviert und regeneriert. Zudem ist Wasser die Basis, die dazu da ist, um überhaupt etwas zu vermengen. Zu den grundlegenden Eigenschaften von Wasser zählt, dass es reinigt, kühlt, erfrischt, Feuchtigkeit spendet, konserviert, entgiftet, vitalisiert, belebt und regeneriert, aber auch potenzierend wirkt. Zu den guten Wassersorten gehören Quellwasser, Mineralwasser, Heilwasser, weiches Leitungswasser, abgekochtes Wasser und natürliches organisches Wasser aus Pflanzen.

Milchprodukte als Basis

Milchprodukte sind nicht nur Nahrung. Die Milch gehört seit Menschengedenken zum Leben, was schon allein an der Muttermilch festgemacht werden kann. Milchprodukte sind toll, weil sie sowohl feuchtigkeitsspendend als auch reinigend, beruhigend, schützend, regenerierend, peelend, erfrischend, belebend, entgiftend, vitalisierend und rückfettend sind. Diverse Milchprodukte können dazu zu Rate gezogen werden. Neben Milch gibt es noch Sahne, Buttermilch, Joghurt, Sauerrahm, Quark, Molke, Butter und Mascarpone. Die Inhaltsstoffe von Milch und Milchprodukten enthalten, je nach Herstellung, verschiedene Zusammensetzungen von Wasser, Eiweiß, Fett, Carotin, Enzyme, Milchsäure, Proteine, Vitamine, Milcheiweiß, Harnstoffe, Vitamin A, Vitamin D, Vitamin E, Vitamin C, Vitamin B1, Vitamin B2, Vitamin B6, Vitamin B12, Kalzium, Phosphor, Natrium, Kalium, Magnesium, Eisen, Jod, Mangan und Zink.

Milchzucker übernimmt dabei die Bindung von Feuchtigkeit und Milchsäure reguliert den pH-Wert der Haut. Während Enzyme die Zellbildung anregen, schützen Proteine die Haut vor dem Austrocknen. Vitamin E in der Milch ist ein tolles Anti-Aging-Mittel und B-Vitamine nehmen die Glättung der Haut vor. Gleichsam beruhigt Milcheiweiß gereizte Haut. Fette in der Milch fungieren als vitalisierend, rückfettend, beruhigend, natürlich befettend und feuchtigkeitsspendend. Die Nutzung von Milchprodukten verleiht ein fühlbares, sehr sanftes und glattes Hautgefühl.

Mit Milch und Milchprodukten zu reinigen, ist stets eine gute Sache. Ebenso vielseitig können damit fast alle Pflegeprodukte für die Haut unterstützt werden. Das Reinigen und Waschen von Haut und Haar mit säuerlichen Milchprodukten ist immer möglich, allein schon, weil der pH-Wert der Haut ohnehin leicht säuerlich ist. Joghurt, Buttermilch, Molke, aber auch Topfen sind Produkte, die diese säuerliche Funktion unterstützen. Damit ist eine Reinigung der Haut auf sanfte Art und Weise möglich, ohne eine irritierende Nachwirkung zu haben. Wenn Sie sich mit Milchprodukten abschminken, können Sie sich den Kauf von Abschminkprodukten wie Tüchern und Gesichtswassern sparen. Ein einfacher Gang zum Kühlschrank reicht aus, um Make-up sicher und sanft zu entfernen. Wenn Sie sich abschminken wollen mit Mascarpone, Schlagsahne oder Butter, müssen Sie jedoch den überschüssigen Fettanteil abwaschen. Nach dem Abschminken wird Ihre Haut vollkommen weich und glatt sein.

Samen, Nüsse und Getreide als Basis

Nüsse, Samen und Getreide sind nicht nur tolle Bestandteile der Ernährung, sondern wirken zudem auch reinigend, entgiftend, vitalisierend, peelend, beruhigend, schützend, regenerierend, durchblutungsfördernd, hautpflegend, feuchtigkeitsspendend, entzündungshemmend und rückfettend. Diverse Sorten helfen der Haut- und Haarpflege. Unter den Samen gehören Flohsamen, Rosskastanien und Leinsamen zu den beliebtesten. Zu den Nussfrüchten gehören Kokosnuss, Haselnuss, Walnuss und Mandeln. Zum Getreide zählt Reis, Gerste, Dinkel, Hirse, Mais und Hafer. Als Hülsenfrüchte werden Linsen, Soja, Lupinen, Bohnen und Kichererbsen eingeteilt.

Inhaltlich sind sowohl Nüsse und Samen als auch Getreide sehr hautpflegend. Sie sind grundsätzlich basisch und enthalten extrem viele Mineralstoffe, Vitamine und Spurenelemente. Die hautregenerierenden Stoffe stammen von Schleimstoffen und Stärke ab, welche gleichsam hautschützend und feuchtigkeitsspendend wirken. Hülsenfrüchte beinhalten Saponine, also die waschaktiven und gleichzeitig hautpflegenden Stoffe. Damit kann sowohl rissige Haut als auch schuppige Haut durch Schleimstoffe und Niacin, aber auch durch Pantothensäure regeneriert werden. Phytoöstrogene haben eine Anti-Aging-Wirkung. Dieses Hormon wird dem Körper durch den Verzehr gut und einfach zugeführt. Die natürlichen Fette in Samen, Nüssen und Getreide stützen die Hautfunktionen und Wirkstoffe wie Kalzium; Kalium und Magnesium bewirken eine natürliche Feuchtigkeitszuführung. Von außen angewendet, werden durch Mehle die Regeneration und die Entgiftung der Haut angeregt.

Besonders speziell ist pflanzliche Milch, die aus Getreide, Samen und Nüssen gewonnen wird. Wenn Sie diese gut auskochen, können Sie tolle pflanzliche Milch gewinnen, ob dies nun Dinkelmilch, Hafermilch, Sojamilch, Reismilch oder Mandelmilch ist. Aber auch Nussmilch wie Haselnussmilch ist ein tolles Produkt für die Haut, welches neben den anderen pflanzlichen Milcharten ebenfalls trinkbar sind. Kokosmilch und Kokosfett sind extrem hautpflegend, selbst bei trockener Haut. Kokosmilch kann auch natürlich gewonnen werden, wenn Sie eine frische Kokosnuss kaufen. Die Kokosnuss enthält 50 % an Laurinsäure, eine Säure, die auch in Muttermilch enthalten ist. Gleichsam wirkt die Kokosnuss antibakteriell und immunstärkend. Ebenso erhöht sie die Hautelastizität, gibt Feuchtigkeit, regt die Selbstheilungskräfte an und hat sich als tolles Anti-Aging-Produkt herausgestellt.

Weizenkeime gegen Hautunreinheiten

Der tägliche Verzehr von Weizenkeimen ist in dem Sinne gesund und schönmachend, als dass lästige Hautunreinheiten damit beseitigt werden können. Täglich ins morgendliche Müsli oder in den Joghurt dazugeben, schlagen Weizenkeime zwei Fliegen mit einer Klappe und sie haben auch noch einen milden, nussigen Geschmack. Diese leckere Ergänzung ist sowohl simpel als auch für Kinder sehr lecker. Vor allem Jugendliche haben durch die Pubertät Hautprobleme und können davon profitieren.

Salz und Natron als Basis

Salz spielt eine wesentliche Rolle in der Ernährung, denn ohne Salz ist das Würzen diverser Speisen ein fades Spiel. Und auch Natron nimmt beim Backen eine wichtige Rolle ein, ebenso aber auch in der Körperpflege. Salz und Natron wirken desinfizierend, deodorierend, mineralisierend, ausgleichend, beruhigend, wundheilend, regenerierend, konservierend, basisch und entzündungshemmend. Dabei erfolgt eine Unterteilung der verschiedenen Sorten des Salzes. Natron steht selbstverständlich für sich und Salz wird, je nach Verwendung und Herkunft, anders benannt, insbesondere deshalb, weil verschiedene Nährstoffe in den Böden enthalten sind, je nach Fundort. Dazu zählen u. a. gutes Ursalz, Steinsalz, sehr leckeres Meersalz, Kräutersalze, Fleur de sel und diverse andere Sorten.

Salz gehört zu den Stoffen, die der Körper immer braucht, daher ist es lebenswichtig. Dazu sollte jedoch stets Natursalz genutzt werden, welches als Natriumchlorid (NaCI) bekannt ist. Dieses Salz besteht zudem aus 84 Mineralien, anders als das künstliche Salz, welches als Abfallprodukt aus der Industrie kommt. Gleichsam sind darin viele Spurenelemente enthalten. All diese Stoffe sind in einer Wechselwirkung im Zusammenspiel. Dabei wird insbesondere für einen ausgewogenen Wasser-Salz-Haushalt gesorgt, der entscheidend ist für die Gesundheit.

Natron hingegen ist ein Mineral, welches aus Natriumhydrogencarbonat, also NaHCO3, besteht. Es sollte jedoch nicht mit Natronlauge verwechselt werden, welche äußerst gefährlich ist. Natron wird auch Soda genannt und bildet sich, wenn in Gewässern ausreichend Verdunstung existent ist, die am Rande von Gewässern das Natron frei legt.

Salz galt schon in der Antike als besonders wichtig. Früher galt es sogar einmal als Zahlungsmittel und ein Mangel zeigte schnell die schlechten Seiten der Bevölkerung. Während Sie Salz in Deodorants verwenden können, ist Salz ebenso gut für die Zähne und verhindert Mundgeruch – ein guter Grund, auf die tägliche Ration Salz nicht zu verzichten. Natron hingegen ist mild-basisch und neutralisiert, während es im Körper gegen Übersäuerung arbeitet. Zudem bindet Natron Gerüche, was den Einsatz in selbstgemachten Deodorants sehr geeignet gestaltet.

Heilerde als Basis

Heilerde gibt es vielzählig. Sie wirkt peelend, reinigend, desinfizierend, deodorierend, entzündungshemmend, mineralisierend, hautberuhigend und wundheilend, ebenso regenerierend, konservierend, erfrischend, keimtötend, schmerzstillend, herausziehend, kühlend, erwärmend und juckreizstillend, aber auch entgiftend. Sich mit Heilerde zu waschen, hat also viele Vorteile, jedoch sollte stets zwischen Heilerde unterschieden werden, die getrunken wird und welcher, die äußerlich aufgetragen wird.

Diverse Typen von Heilerde sind Lava-Erde, Rhassoul oder auch Ghassoul, Fango-Heilerde, Tonmineral, weiße Tonerde, rote Tonerde, grüne Heilerde und Multani Mitti. In Heilerde sind diverse Stoffe enthalten, die diese tollen Effekte bewirken. Dies sind Silikate, Kalkspat, Ton, Feldspat, Mineralien, also Magnesium, Silizium, Eisen und Kalzium, aber auch Spurenelemente, sprich Kupfer, Mangan, Selen und Zink. Heilerde wirkt grundsätzlich basisch und ist ein tolles Mittel, aktiv und effektiv gegen Übersäuerung zu kämpfen.

Aus der Geschichte geht hervor, dass Heilerde bereits in der Antike zur Reinigung und Pflege der Haut genutzt wurde. Oftmals praktizierten alte Kulturkreise mit Heilerde und bereits unsere Vorfahren aus der Steinzeit nutzten sie zum Zweck der Körperpflege. In der Geschichte wird Erde als eine Mutter dargestellt, eben, weil sie alles gibt, was lebt. Das lebendige, weibliche Wesen steht immer in der Darstellung der Urmutter selbst. Sie spendet Leben, ist die Mutter aller Götter und wurde und wird in allen Kulturen gleichermaßen verehrt, nur eben jeweils unter einem anderen Namen. Sebastian Kneipp war ein Mann, der die Heilerde in Heilanwendungen nutzte und damit tolle Erfolge erzielte.

Heilerde kann in der Hautreinigung sowohl allein verwendet als auch anderweitig zugesetzt werden. Ob dies in Zahnpasta, Shampoos und als Babypuder geschieht, ist gleichgültig, da die Wirkstoffe allesamt stets wie oben genannt wirken. Damit ist die Pflege von empfindlicher Babyhaut ebenso mit Heilerde sanft zu meistern wie reife Haut oder die hormongeplagte Haut von Jugendlichen.

Fette und Öle als Basis

Fette und Öle gehören stets in die Küche – kein gutes Steak ohne ein gutes Bratenfett. Auch Olivenöl im Salat ist eine Delikatesse und sollte als Grundlage nicht fehlen. Die Wirkstoffe von Ölen und Fetten sind sowohl hautpflegend, schützend, erweichend, reinigend, hautberuhigend und wundheilend als auch regenerierend, konservierend, erfrischend und desinfizierend.

Selbst in der Geschichte haben Öle und Fette eine wichtige Rolle, nicht nur in der Küche zum Kochen oder Backen. Dabei muss jedoch auch zwischen der Qualität der Öle und Fette differenziert werden, das heißt, dass es kaltgepresste Öle gibt, und dass bestimmte Fette bei Zimmertemperatur festbleiben. Naturbelassene Öle sind sehr zu empfehlen, diese sind vor allem mit Nährstoffen wie Fettsäuren, beispielsweise mit Laurinsäure, Palmitinsäure, Stearinsäure, Linolsäure oder auch Gamma-Linolensäure, versetzt.

Besondere Öle und Fette sind unter den Fetten also Butter, Ghee, sprich geklärte Butter, oder Kokosfett. Bei den Ölen rücken besonders, entweder nativ gepresst oder kalt gepresst, Mohnöl, Walnussöl, Kürbisöl, Hanföl, Traubenkernöl und einige andere in den Fokus. Als besonders qualitativ gelten Öle, die gepresst eine gute Qualität aufweisen, also Sesamöl und Olivenöl.

Kleines Zwischenfazit

Zusammenfassend kann gesagt werden, dass ein Zusammenspiel von all diesen Dingen die Haut und das Haar optimal pflegen. Nehmen Sie beispielsweise Heilerde und Honig mit etwas Quark vermengt zur Reinigung Ihrer Haut. Jedoch sollten Sie den Genitalbereich auslassen, da das empfindsame, säuerliche Milieu dort dringend zur Abwehr von Schadstoffen, Bakterien, Viren und Pilzen benötigt wird. Während der Honig Feuchtigkeit gibt, gleichsam die Haut erstrahlen lässt und entzündungshemmend und heilend gegen Akne und Co. wirkt, hilft Heilerde als basischer Bestandteil gegen Übersäuerung und vieles mehr. Quark hat dann die Aufgabe, Nährstoffe und Feuchtigkeit zuzuführen. Dies ist nur ein Beispiel dessen, was Sie aus Naturkosmetik machen können. Für das Haar sind auch Öle sehr gut. Ein altes Rezept besagt, dass das Einreiben trockener Spitzen mit Olivenöl gute Wirkung zeigt.

Kombiniert mit Kräutern aus der Küche können damit tolle Rezepte gezaubert werden. Nehmen Sie z. B. nur einmal eine übrige Zitrone, die Sie ausgepresst haben. Diese nutzen Sie in Verbindung mit Natron als ein tolles Deodorant. Dieses riecht nicht nur frisch und lässt Ihre Kollegen lächeln, sondern pflegt auch noch die Haut. Dabei wirkt das Natron desinfizierend und beseitigt damit zusätzlich Bakterien und Pilze, die unliebsame Düfte produzieren.

Obst und Gemüse – die Killer von freien Radikalen

Obst und Gemüse sind schon immer gesund gewesen. Selbst die DEG empfiehlt in der Ernährungspyramide stets den vielseitigen Verzehr von Obst und Gemüse. Vor allem der „Regenbogen" ist eine gute Empfehlung der DEG. Dieser Regenbogen umfasst alle Farbspektren, die Obst und Gemüse betreffen, also vom Apfel bis zum Brokkoli. Nur die Farbe Blau ist eher ungewöhnlich und gilt als Gefahrwarnung vor eher giftigen Lebensmitteln. Fakt ist, dass Obst und Gemüse Hautkrankheiten vorbeugen. Antioxidantien sind vor allem in Karotten und Zitrusfrüchten enthalten.

Wird Obst und Gemüse in der Ernährung vermehrt verzehrt, kann sogar ein Sonnenbad genossen werden und die Gefahr auf Sonnenbrand sinkt etwas. Jedoch sollte man stets ein Sonnenbad zwischen 10-16 Uhr einhalten. Wasser schützt die Haut vor schädlicher Sonne und Sonnenschutzmittel unterstützen diesen Schutz. Ebenso sollte man stets auf eine gesunde, feuchte Haut achten. Effektiver Sonnenschutz sollte je nach Hauttyp gewählt werden. Menschen mit sensibler Haut sollten unter Umständen sogar 50 SPF (Sonnenpflegefaktor) benutzen. Ebenso sollte der Schutz vor UVA- und UVB-Strahlung gewährleistet sein, denn der richtige Schutz vor der schädlichen Sonnenstrahlung ist ein wichtiger Schutz, der in der natürlichen Hautpflege enthalten ist. Die Zuführung von Vitamin D ist dadurch ein Effekt, der die Haut natürlich pflegt.

Ein Sonnenbad ohne Krebsfall in der Familie ist ein Glücksfall. Dadurch könnten Sie, nach Absprache mit Ihrem Arzt, ein längeres Sonnenbad nehmen, sollten jedoch stets eine Feuchtigkeitscreme verwenden.

Karotten gegen das Alter

Die Möhre, auch Karotte im sprachlichen Gebrauch, ist nicht nur ein klassisches Lebensmittel. Gleichsam wie Blattgemüse sind Karotten ein beliebtes Wurzelgemüse, welches sowohl in fast allen Gerichten enthalten ist als auch sehr gut zur Körperpflege verwendet werden kann. Das Carotin in diesem tollen Gemüse hat den Ruf, das Altern zu verzögern. Bei regelmäßigem Verzehr dieses Wurzelgemüses verbessert sich das

Sehvermögen, dazu müssen Sie allerdings etwas Fett zu sich nehmen. Ebenso die Regulierung des Zuckers im Körper sowie das Reinigen der Leber sind Fähigkeiten der Karotte.

Wenn die Leber gut arbeitet, sind damit auch Hautunreinheiten gut bekämpft und die Vitamine der Karotte sind wertvoll für Haut und Haar. Die Karotte ist extrem wertvoll für die Gesundheit und die Schönheit, denn Gesundheit hängt sehr eng mit Schönheit zusammen. Auch trockene Haut ist schnell mit der Möhre bekämpft, selbst, wenn sie nur verzehrt wird. Auch eine Maske aus Möhren ist Balsam für die Haut und für das Gesicht. Interessant ist es zudem, dass Karotten als sehr guter Schutz gegen schädliche Sonnenbestrahlung fungieren.

Der Apfel als universelle Pflege

Jeder kennt den Spruch „Ein Apfel am Tag hält den Doktor fern.", aber was, wenn Sie nun wissen, dass der Apfel eine jugendliche Haut bringt? Selbst der Verzehr reicht schon aus, um der Haut gute Pflege zukommen zu lassen. Am besten sind die Sorten „Red delicious" und „Granny Smith". Dabei wird nicht nur die Gesundheit gestärkt, sondern auch die Elastizität der Haut wird gefördert und der Apfel schützt gleichsam die Haut vor durch UV-Strahlen ausgelöste Schäden. Das Procyanidin B2 fördert sogar das Haarwachstum und beugt Zellschäden mit vor.

Cranberrys – nicht nur gut für die Blase

Ebenso enthalten Cranberrys viel Vitamin C und sind damit sehr gut die Haut.

Knoblauch ist nicht nur ein Gewürz

Knoblauch hat eine heilende Wirkung und leistet damit einen wertvollen Beitrag für die Schönheit. Eine gesunde Haut, die durch Stärke und Schleimstoffe in Bezug auf das Ausreifen der Pickel und der Akne gestärkt wird. Ebenso hilft Knoblauch bei der Reinigung der Organe und bekämpft somit Giftstoffe und Bakterien im Körper. Auch gefährliche Pilze werden davon beseitigt. Dabei ist ein Auftragen auf die Haut weniger interessant, es sei denn gegen Pickel und Akne, welche mit frischem Knoblauch bestrichen werden und über Nacht darauf gelassen werden können. Auch die Reparatur des Gewebes ist für den Knoblauch sehr einfach.

Für die Schönheit ist speziell erwähnenswert, dass die Faltenbildung gestoppt wird und dass Knoblauch wirklich sehr einfach in den Kochalltag eingebracht werden kann. Eine sehr einfache Schönheitspflege, wenn man die Einfachheit der Anwendung und die maximale Wirkung bedenkt.

Süßkartoffeln sind nicht nur lecker

Eine gute Alternative zu der herkömmlichen Kartoffel, die sehr gesund und beliebt ist, was an der weiten Verbreitung und den leckeren Gerichten zu erkennen ist. Für manche Menschen allerdings ist die Süßkartoffel vom Geschmack her eher zu süß und viele bevorzugen die normale Kartoffel. Süßkartoffeln sind toll und vermeiden die Bildung von Falten. Außerdem enthalten sie viel Vitamin A und machen die Haut weicher und klarer. Und das ganz einfach beim Verzehr dieser leckeren Speise.

Die Süßkartoffel ist durch das enthaltene Beta-Carotin, dem Lycopin und den Carotionoiden sehr stark gegen schädliche Sonnenbestrahlung.

Hartkäse als Bakterienstopp

Ein gutes Vollkornbrot mit Hartkäse ist eines der besten Mittel, um Löcher in den Zähnen zu vermeiden. Der Speichelfluss wird angeregt und damit werden die Bakterien im Mund gehemmt. Natürlich ist das Zähneputzen noch immer notwendig. Außerdem ist es ein Fakt, dass ein großer Speichelfluss generell von Zahnärzten gelobt wird, da die Zahngesundheit damit mit gewährleistet wird.

Joghurt, am besten der Probiotische

Joghurt mit probiotischen Bakterienkulturen sind nicht nur sehr gut für die Verdauung, wobei hierbei erwähnt werden sollte, dass eben 80 % der Gesundheit von der Verdauung abhängen. Ebenso werden die Zähne weißer und Pilz- und Bakterienprobleme halten sich allgemein stark zurück. Vitamin C, A und Kalium sind ebenso sehr gute Stoffe für die Haut und das Haar.

Zitrusfrüchte – tolle Südfrüchte mit einem unschlagbaren Effekt

Ein Stück Zitrone oder eine Orange am Tag sind schon ein toller Anfang. Das Vitamin C, welches ein Klassiker ist für die Erhaltung des Kollagens, ist nicht nur der einzige Effekt, der sich für die Haut ergibt. Auch die Abwehr der freien Radikale und die Stärkung des Immunsystems leisten einen wertvollen Beitrag.

Tomaten – ein klassisches Gemüse für eine bessere Haut

Die Tomate gehört zu den klassischen Gemüsesorten, die täglich auf dem Tisch der meisten Deutschen kommen. Sie passen zu fast allem und gehören zu jeder guten Abendmahlzeit. Tomaten sind als Frucht eingeteilt, werden aber vom Otto-Normalverbraucher fälschlicherweise meist als Gemüse eingeteilt. Dabei wird sehr schnell übersehen, dass eine Gesichtsmaske als Lieferant für Vitamin A und C, aber auch Kalium dient und sie damit sehr gut für die Haut ist.

Die Tomate enthält genug an Beta-Carotin, Lycopin und Flavonoide, die guten Schutz vor den schädlichen Strahlen der Sonne bieten. Damit kann die Haut vor photovoltaischer Alterung, Entzündungen und Immunänderungen geschützt werden. In Kombination mit Avocado oder Olivenöl im Tomatensalat können Sie die wertvollen Nährstoffe der Tomate täglich zu sich nehmen.

Bananen – eine Südfrucht mit Power

Bananen sind ein toller Pausensnack. Jedes Pausenbrot kann einfach und lecker mit einer Banane aufgewertet werden. Seit geraumer Zeit gibt es für die Beliebtheit dieser leckeren Südfrucht als Beweis eine spezielle Dose. Geformt als Banane, kann man damit Bananen mitnehmen, ohne die Frucht zu quetschen. Bananen sind eine sehr gute Kaliumquelle und liefern auch Öle und Vitamine, die sowohl die Haut als auch die Haare schön pflegen.

Brokkoli – ein grünes Powergemüse

Brokkoli ist ein sehr gesundes Gemüse und als tolle Beilage ebenso ein toller Sonnenschutz von innen. Lycopin, Beta-Carotin und Carotinoiden sind zu Genüge in diesem Gemüse enthalten, Stoffe, die von innen her die Haut vor UV- und UVA-Strahlung schützen.

Spinat

Spinat wird nur wenig von Kindern geliebt. Das Märchen, welches Eltern ihren Kindern erzählen, dass Spinat viel Eisen hat, ist nicht wirklich wahr. Denn es gibt weit mehr Gemüsesorten, die viel mehr Eisen liefern. Dabei erfüllt der Spinat mit den enthaltenen Stoffen Lycopin, Carotioniden und Beta-Carotinen gleichsam von innen heraus einen guten Sonnenschutz.

Schokolade – die beliebteste Süßspeise als Schönheitspflege

Jeder liebt Schokolade. Frühzeitig erhält jedes Kind die süße Belohnung, sei es einfach der Tatsache geschuldet, dass Kinder wegen ihrer Niedlichkeit und ihrer Unschuld gemocht werden. Aber auch Erwachsene lieben die süße Versuchung. Der Schokoladenkuchen und die Kekse sehen stets verführerisch aus und die Süßigkeitenbranche erfindet jedes Jahr mehrere Formen der süßen Versuchung. Nüchtern betrachtet versucht sie zwar, mit neuen Kreationen die Aufmerksamkeit der Kunden immer wieder neu zu gewinnen, doch eigentlich könnte man Schokolade auch nur in einer Form anbieten. Dennoch ist die Vielfalt des Angebots äußerst spannend.

Doch nicht nur in der Ernährung nimmt die Schokolade einen wichtigen Stellenwert ein, sondern auch in der Naturkosmetik. Die Inhaltsstoffe von Schokolade sind dabei ausschlaggebend. Die beliebte Süßspeise enthält heute nur den Zucker, weil zur Zeit der Entdeckungen die

Kakaobohne zu bitter war. Der moderne Mensch möchte Schokolade nun einmal nur im süßen verarbeiteten Zustand genießen. Die Grundstoffe der Schokolade sind jedoch nicht in den Formen von weißer Schokolade oder Milchschokolade enthalten, sondern je dunkler die Schokolade ist, desto mehr Flavonoide und Antioxidantien sind darin enthalten. Dies ist jedoch Geschmackssache. In der Kosmetik werden sogar schon seit geraumer Zeit Schokoladenmassagen angeboten und sehr gerne praktiziert. Gegen gefährliche Sonnenstrahlen arbeitet die Schokolade ebenso. Sie schützt schon allein mit einer Tasse Kakao pro Tag vor lästigen Sonnenfalten, spezifisch an Hals und Augen. Damit lohnt es sich, der Schönheit willen ein Stück der begehrten Süßspeise zu genießen.

Grüner Tee – Tradition aus Japan

Japan und die anderen asiatischen Länder machen es vor. Der tägliche Genuss von grünem Tee dient Japanern und Asiaten als vorbeugende Maßnahme, um vor freien Radikalen geschützt zu sein. Damit hat auch die Sonne mit UV-Strahlung und UVA-Strahlung kaum eine Chance, Krankheiten und Hautalterungen auszulösen. Die natürlich starken Antioxidantien des grünen Tees sind zudem eine alte Tradition und schützen die Japaner, die keine Sonnenbrille und keine großen Hüte tragen, selbst bei extremer Sommerhitze und Sonnenstrahlung, effizient vor den schädlichen Strahlen. Zudem kann durch die Antioxidantien mehr als nur einer Krankheit vorgebeugt werden.

Granatapfel – eine Vitamin-C-Bombe

Granatäpfel sind sowohl bekannt als auch beliebt. Sie sind wahre Vitamin-C-Bomben und aktiv im Hautschutz gegen die Risiken von UVA-Strahlung und UV-Strahlung vertreten. Die darin enthaltene Ellagsäure ist ein wesentlicher Bestandteil dieser Frucht, der genau diesen Schutz bewirkt.

Omega-3-Öle – starke Öle gegen schädliche Sonnenstrahlen

Omega-3 wird groß gepredigt und sollte laut der DEG stets genossen werden. Diese wertvollen Stoffe schützen vor schädlicher Sonnenstrahlung und stärken das Immunsystem. Damit wird die Haut nicht nur geschützt, sondern auch u. U. besser geheilt. Enthalten sind diese Stoffe in Lachs und anderen Fischarten, aber auch in Muscheln und anderen Meereslebewesen. Wer also gerne in ein chinesisches oder ein japanisches Restaurant geht und dort Fisch und anderes Meeresgetier isst, hat gute Chancen auf einen guten Schutz vor schädlichen Sonnenstrahlen und auch auf eine gute Haut.

Vor allem ist die Banane toll, um die **Elastizität des Haars** zu schützen sowie gespaltene Enden zu vermeiden und zu bekämpfen. Die Anwendung der Banane bringt **starkes und weiches Haar**. Gleichsam verhindert die Banane brüchiges Haar, zudem lässt sie das Haar glänzen, während sie beim Wachsen des Haares aushilft. Ebenso bekommen Sie damit Schuppen weg und Sie bekommen repariertes Haar. Und auch Volumen ist eine angenehme Nebenwirkung. Ebenso genießt die Haut die Banane, die gegen unreine Haut fungiert. Genauso wie das Haar wird auch die Haut weich und geschmeidig.

Achtung!

Bananen, die Sie im Supermarkt kaufen, ob diese nun bio sind oder nicht, werden grün geerntet und in spezifisch eingerichteten Flugzeugen in Vorrichtungen nachgereift. Fakt ist dabei, dass dadurch die wertvollen Nährstoffe fehlen, die die Früchte normalerweise vom Baum bekommen. Deswegen ist der Kauf von Bananen oftmals fragwürdig, nimmt jedoch nicht die tolle Eigenschaft der Bananen weg, die diese ursprünglich noch immer besitzen.

WICHTIGE VERHALTENSWEISEN ZUR NATURKOSMETIK

Wichtiger Hinweis

Bitte achten Sie auf Hygiene, sportliche Bestätigung und gute Ernährung. Damit werden Toxine gebändigt, die normalerweise Haut, Leber und Nieren belasten. Ebenso die Hautreinigung nach dem Training ist wichtig, weil damit Toxine, Pilze, Viren und Bakterien gefördert werden können. Der Sport selbst bringt sowohl Haut als auch Körper besser in Form, womit selbst Cellulite keine Chance hat. Gleichsam werden der Sauerstoffgehalt angeregt und die Durchblutung dadurch erhöht. Ebenso lindert Sport Stress und wirkt positiv auf die Haut, indem dadurch eine gesunde, strahlende und geschmeidige Haut entsteht, was durch die Reinigung, die die Haut dabei selbst durchführt, geschieht.

Sowohl Haut als auch Haar und die Augen sind während der Pflege bestimmten Voraussetzungen unterlegen. Um die Haut und das Haar gesund und frisch zu pflegen, sollten Sie die folgenden Schritte beachten:

Hände waschen

Wichtig ist Hygiene. Bitte berühren Sie nie das Gesicht, ohne die Hände zu waschen. Warmes Wasser ist das beste Reinigungsmittel, was Sie verwenden können. Das Waschen von Haut und Haar ist mit sauberen Händen durchzuführen. Nur dadurch können Pilze, Bakterien, Viren und Fette sowie Schmutz, der die Poren verstopft, verhindert werden. Dieser erste Schritt sollte stets bei jeder Pflege und auch im Alltag eingehalten werden.

Kein heißes Wasser

Heißes Wasser, sprich die Wärme, öffnet die Poren. Jeder, der regelmäßig zur Gesichtspflege geht und sich eine Behandlung gönnt, weiß das. Damit ist gleichsam das Ausreinigen wie auch die Aufnahme von

Nährstoffen viel besser. Abschließend sollte kaltes Wasser nach der Reinigung und der Pflege verwendet werden. Damit werden die Poren geschlossen, was die Aufnahme von Schmutz, Bakterien, Viren und Pilzen erschwert.

Seife für die Reinigung

Seife ist für die Reinigung ein essenzieller Bestandteil. Fast überall ist Seife enthalten, ob in Waschmitteln, in der Haut- und auch in der Haarpflege. Dabei sollten Sie die Seife stets mit kreisförmigen Bewegungen im ganzen Gesicht einmassieren. Das Einmassieren sollte an der Stirn beginnen, dann an der Nase und dann an den Wangen weiter gehen. Wichtig ist, dass Sie Ihr Gesicht mit kaltem Wasser reinigen und dabei die Seifenreste gut abwaschen.

Das Trocknen des Gesichtes

Das Trocknen des Gesichtes sollte zudem mit einem weichen Handtuch getätigt werden. Dabei sollten Sie stets sanft das Gesicht abtupfen. Bitte kein Reiben, denn das Reiben könnte die Haut leicht reizen. Wenn Sie tupfen, dann wird sich Ihre Haut wesentlich besser entspannen.

Kollagenhaltige Lebensmittel

Naturkosmetik von innen ist der beste Weg, die Haut jung und fit zu halten. Insbesondere mit steigendem Alter verliert die Haut immer mehr Kollagen. Dafür können Sie kollegenhaltige Lebensmittel zu sich nehmen. Lebensmittel, die Kollagen enthalten, sind vor allem Hühnerhaut, Eier, Organfleisch und Knochenbrühe – selbstverständlich aus guten Zutaten. Die Hühnerhaut eines Brathähnchens ist ohnehin das beste am ganzen Huhn. Ebenso sollte die Knochenbrühe aus frischen Knochen vom Metzger gekocht werden.

Lebensmittel mit viel Vitamin C

Vitamin C hilft, von Grund auf die Kollagenproduktion zu steigern, ebenso Mineralien wie Schwefel, Zink und Kupfer. Dazu gehören vor allem Zitrusfrüchte, aber auch Beeren, Tomaten, Paprika, Blattgemüse, Kreuzblütler, sprich Kohl, Grünkohl und Blumenkohl, aber auch Knoblauch, Nüsse und Saatgut. Verzehren Sie stets diese Lebensmittel, um Ihre Jugend von innen zu erhalten und gleichsam Ihre Kollagenproduktion anzuregen.

Natürliche Zahnpflege

Natürliches Zahnweiß ist ein wichtiges und perfektes Schönheitsideal, doch der Besuch beim Zahnarzt ist nicht immer notwendig, um die Zähne weiß zu bekommen bzw. weiß zu halten. Dementsprechend sollten Sie Milchprodukte konsumieren, um viel Kalzium zuzuführen. Ebenso ist das Essen von frischer Ananas sehr gut. Diese tolle Südfrucht enthält viel Bromelain, welches ein Enzym ist, das sowohl reinigend als auch anti-entzündlich agiert. Gleichsam sollten Sie viele Zitrusfrüchte genießen, denn diese regen die Speichelproduktion an. Dazu sind besonders gut Orangen, Zitronen und Grapefruits geeignet. Der Speichelfluss spült Bakterien und Zahnstein weg, was auch durch Erdbeeren und Äpfel ausgelöst wird. Die darin enthaltene Apfelsäure sorgt für diesen Effekt, genauso wie Hartkäse, der die Bildung von Zahnbelag und Verfärbungen verhindert. Wenn Sie zudem noch knackiges Obst und Gemüse essen, massieren Sie Ihr Zahnfleisch beim Kauen, was vor Entzündungen schützt.

Tipp

Natürliche Zahnbürsten sind Sellerie, Blumenkohl und grüne Bohnen. Der Verzehr oder das einfache darauf herum Kauen reinigt die Zähne auf natürliche Weise.

Geschmeidige Haut

Der Verzehr von viel Obst und Gemüse fördert eine gute Haut, jedoch sind Kräuter die besten Helfer für eine schöne, geschmeidige Haut. Essen Sie täglich Thymian und Basilikum, diese Gewürze werden Ihnen helfen, eine tolle Geschmeidigkeit Ihrer Haut zu erreichen.

Das Gleichgewicht der Haut

Was ist das Gleichgewicht der Haut? Das Gleichgewicht der Haut hat viel mit dem pH-Wert der Haut zu tun. Nicht nur die Gesundheit wird durch den pH-Wert beeinflusst, was eine Folge von Übersäuerung durch die Ernährung der modernen Zeit ist. Auch die Haut reagiert auf das Ausgleichen des Gleichgewichts.

Aufgrund der verschiedenen Hauttypen, die richtig gepflegt werden wollen, tritt die Frage der Unterscheidung zwischen basischer und pH-neutraler Hautpflege auf. In dieser Pflegevariation treffen jedoch zweierlei Weltanschauungen aufeinander. Damit ist generell kaum eine treffende Aussage zu machen, die die Unterscheidung der Hauttypen und deren Pflegebedarf zwischen basisch und pH-neutral deutlich werden lässt. In der Schulmedizin wird klar die pH-neutrale Hautpflege bevorzugt und auch weitergegeben. Dabei soll ein dünner Wasser-Fett-Film gepflegt werden, der bestehend aus Talg, Hornzellen und Schweiß besteht. Pflegeprodukte, die den pH-Wert der Haut auf einem gesunden Niveau halten, sind gut propagiert in der Schulmedizin. Jedoch ist der natürliche Säureschutzmantel schwer regulierbar und eine Pflege zwischen pH-neutraler Hautpflege und basischer Hautpflege steht auf dem Prüfstand.

Die pH-neutrale Hautpflege

Der leicht saure pH-Wert der Haut liegt normalerweise bei etwa 5,5 und damit etwas unter dem pH-Wert von Wasser. Das steigende Alter, die Unterscheidung der Geschlechter und vieles mehr können diesen Wert verändern. Dieses Milieu bildet dann den natürlichen Säureschutzmantel. An den pH-Wert der Haut sind die pH-neutralen Hautpflegeprodukte der Haut angepasst, was die Produkte nicht wirklich pH-neutral machen, wodurch die Schutzfunktion der Haut erhalten bleiben soll. Seife hat einen pH-Wert von bis zu 9 und kann in empfindsamen Fällen bereits die Haut austrocknen, denn der pH-Wert ist schon sehr hoch und je höher dieser Wert ist, desto trockener wird die Haut durch diese Pflege. Leider ist dadurch die Haut einige Zeit danach noch sehr angreifbar.

Diese Lehre bildete sich aus dem Fehldenken, dass Säure dem Körper schadet. Jedoch ist der Körper selbst am besten in der Lage, ein Ungleichgewicht des Säuren-Basen-Haushalts auszugleichen. Dabei werden stets überschüssige Säuren schnell und simpel neutralisiert, was hauptsächlich nachts geschieht. Das merken Sie, wenn Sie morgens Ihren Urin betrachten, der einfach saurer ist, eben weil Ihr Körper die Säure, die er über Nacht abgebaut hat, ausscheidet. Gewöhnliche Mischkost ist ausreichend. Das bedeutet, dass Sie nicht auf Süßigkeiten und Pizza verzichten müssen, sondern dies in Form einer guten Mischkost, am besten selbst gekocht, weiterhin genießen können. Wenn Sie Ihren Körper nicht mit scharfen Stoffen wie scharfen Duschgels und chemischen Shampoos und Cremes beeinträchtigen, reguliert und schmiert sich Ihr Körper praktisch selbst ein. Wissenschaftler fanden heraus, dass ein Erhalt des Säureschutzmantels ein saures Milieu mit sich zieht, was den meisten Arten von Bakterien, Pilzen und Viren Widerstand bietet. Diese werden dann nicht nur abgewehrt, sondern auch in ihrem Wachstum gehindert. Deswegen ist die Nutzung von Seife mit einem pH-Wert ab 9 nicht für den Genitalbereich geeignet, da dort ein anderes Säuren-Basen-Milieu lebt, das für die Abwehr von Krankheitserregern zuständig ist. Ist der Säureschutzmantel beschädigt, z. B. durch herkömmliches Duschgel, brechen potentielle Krankheitserreger und Pilze ein.

Die basische Hautpflege

Die basische Hautpflege nahm bis in die 70ger Jahre ihren Anlauf und stoppte, weil neue Erfahrungen die Forscher erreichten. Ab diesem Zeitpunkt trat dann die Mischung von saurer-basischer Körperpflege auf. Denn basische Hautpflege hat einen guten pH-Wert von 7,4 und ist demnach für die tägliche Hautpflege sehr gut geeignet, eben weil die Haut dadurch nicht austrocknet. Gefährlich ist die pH-neutrale Hautpflege, die die natürliche Regulierung des hauteigenen Säureschutzmantels schädigt.

Forscher erklären, dass es keinen Säureschutzmantel der Haut gibt und die Kosmetikindustrie diesen nur nutzt, um gute Werbung zu betreiben. Hauptsächlich soll die Haut einen niedrigen pH-Wert besitzen, eben weil der Körper die hohe Säurebelastung über die Haut ausschüttet. Wenn der Körper nicht mehr in der Lage ist, die Säure über die Nieren und den Verdauungstrakt auszuscheiden, muss eben die Haut helfen. Damit halten saure Hautpflegeprodukte diese Säuren zurück und geben diese dem Körper zurück, was bedeutet, dass der Körper die Übersäuerung erneut bearbeiten muss und diese Übersäuerung dem Körper erneut Schaden zuführt.

Basische Produkte sollen mit den Säuren reagieren und diese damit neutralisieren und auflösen. Dadurch wird der Körper dazu angeregt, eben eingelagerte Säuren und Schlacken aus dem überwiegend sauren Milieu der Zellen auszulösen. Diese werden dann in eine basische Umgebung abgegeben. Nehmen Sie z. B. ein basisches Vollbad, dessen pH-Wert bei 8,5 liegt, sinkt der pH-Wert deutlich mit der Badedauer innerhalb einer Stunde, denn das Badewasser nimmt die vom Körper abgegebenen Säuren auf, weil der Körper sich stets von überschüssigen Säuren reinigt. Gleichsam entfettet pH-neutrale Körperpflege die Haut, was den Talgdrüsen ihre natürliche Fähigkeit nimmt. Damit werden die Rückfettungsprozesse, das „natürliche Eincremen" der Haut, eingeschränkt und diese können nicht mehr normal arbeiten. Nutzen Sie jedoch basische Körperpflege, so sollen sich Ihre Talgdrüsen in ihrer Arbeit gestärkt fühlen.

Naturkosmetik und der Säure-Basen-Haushalt haben in dem Sinne etwas miteinander zu tun, als dass der natürliche Schutz der Haut von der perfekten Basis, dem perfekten pH-Wert, positiv beeinflusst wird. Naturkosmetik hat stets einen rückfettenden Charakter, weil eben dadurch die Haut sich selbst reguliert. Dies allein ist schon ein Grund, mit grüner Kosmetik zu arbeiten. Gegen Make-up ist zwar nichts einzuwenden, jedoch sollte stets die natürliche Haut- und Haarpflege an erster Stelle stehen. So wird zudem auch weniger Make-up benötigt und die Haut ist strahlender.

Die Haarpflege durch Naturkosmetik

Naturkosmetik schließt zudem auch das Haar mit ein. Jeder möchte schönes Haar haben und versucht mit diversen Pflegeprodukten das Haar zu pflegen. So viele Haartypen werden in der Herstellung von Haarpflegeprodukten berücksichtigt und versorgt. Dazu gibt es ein paar simple Tipps, die Haarpflege natürlich zu meistern.

Kein heißes Wasser für Ihr Haar

Heißes Wasser ist nicht besonders gut für Ihr Haar. Die Japaner machen es vor, indem sie die Haarpflege mit kühlerem Wasser durchführen. Das kühlere Wasser macht das Haar voluminöser. Vor allem Menschen, die dünnes Haar haben, profitieren von dieser Vorgehensweise. Selbstverständlich können Sie eine heiße Dusche nehmen, doch bevor Sie aus der Dusche treten, sollten Sie ein kurzes kühles Abbrausen für Ihr Haar durchführen.

Ölbäder für Ihr Haar

Ihr Haar wird von Ölbädern profitieren. Sie kennen sicherlich den Tipp, Ihre Haarspitzen mit Olivenöl zu pflegen, indem Sie dieses sanft in die Haarspitzen einmassieren, um Spliss zu bekämpfen. Doch wie wäre es, wenn Sie zweimal wöchentlich Ölbäder machen und damit Ihrem Haar optimale Pflege zukommen lassen?

Massage für die Kopfhaut

Eine Massage tut nicht nur dem Rücken gut, sondern auch die Kopfhaut profitiert davon. Eine Massage des Rückens kann durch Klopfen, Streicheln, Kraulen und vielem mehr getätigt werden. Eine Massage für die Kopfhaut sollte stets kreisförmig erfolgen. Auch das Bürsten des Haares sollte täglich 1- bis 2-mal getätigt werden, damit die Durchblutung angeregt wird. Durch eine geförderte Durchblutung wird die Haarwurzel gefestigt und damit wird auch Haarausfall vorgebeugt. Diese Art der Vorbeugung ist nicht immer ausreichend. Gut ist auch der Gebrauch von Bier für das Haar, denn Bier wird aus Hopfen, einem tollen Naturprodukt, gebraut, welches das Haar stärkt.

Fakt ist, dass die Massage ein wichtiger Bestandteil der Haarpflege ist und richtig durchgeführt werden sollte. Für glänzendes, gesundes Haar muss man etwas tun, unabhängig vom Haartyp. Dazu legen Sie am besten die Finger auf dem Kopf zusammen. während Sie mit den Handflächen nach unten drücken.

Vermerk

Bitte bedenken Sie, dass jeder Mensch jeden Tag 100 oder weniger Haare auf natürliche Weise verliert. Dies ist vollkommen normal und ist ebenso ungefährlich. Ist jedoch ein höherer Haarverlust zu verzeichnen, sollten Sie Bedenken haben. Dann müssen Sie reagieren, indem Sie Kräuter und Öle als Helfer zuziehen.

Vitamin B und Jod

Vitamin B und Jod sind Nährstoffe, die zu einem schönen Haar verhelfen. Diese Stoffe sind insbesondere in diversen Fischarten und Meeresfrüchten enthalten, aber auch in sehr viel Obst und Gemüse, welches ohnehin stets auf dem Speiseplan stehen sollte.

Öliges Haar

Die Haarpflege sollte stets auf den jeweiligen Haartypen angepasst werden. Haben Sie eher trockenes und sehr pflegebedürftiges Haar, eignen sich ölhaltige Produkte oder das Öl selbst. Damit sind Ölbäder für das

Haar sehr empfehlenswert. Sollten Sie jedoch mehr öliges Haar haben, eignen sich ölhaltige Produkte und Öl nicht besonders. Besser ist der Konsum von Lebensmitteln, die die Vitamine A und B innehaben.

Achtung

Mandelöl wird in zwei Ölarten unterteilt, nämlich Süßmandelöl und Bittermandelöl. Während Sie definitiv Bittermandelöl vermeiden sollten, sollten Sie stattdessen Süßmandelöl nehmen. Dieses Öl ist sehr pflegend für Haut und Haar, entfernt Risse an Händen und Füßen und ist eine tolle Nahrung für Ihr Haar.

Richtig shampoonieren

Die Wahl des richtigen Shampoos ist eine wichtige Sache, da darin die Nährstoffe enthalten sind und das Haar dadurch gut gepflegt wird. Doch auch das richtige Shampoonieren ist wichtig. Generell wächst das Haar 1,5 cm bis 2 cm pro Monat. Zudem wächst das Haar schneller im Sommer als im Winter. Ebenso schneller wächst das Haar auch tagsüber, während das Haar nachts ein langsameres Wachstum durchführt. Zudem sollten Sie nicht jeden Tag Shampoo verwenden: Zwar reinigt das tägliche Shampoonieren das Haar von Schmutz und überschüssigem Fett, jedoch befreit es das Haar leider auch von natürlichen Fetten, die das Haar zum natürlichen Schutz selbst ausbildet. Zu viel Shampoonieren lässt das Haar also auch angreifbar werden. Die natürlichen Öle, die dabei herausgewaschen werden, reichen teilweise aus, um gesundes, schönes und glänzendes Haar zu zerstören. Stattdessen sollten Sie 2- bis 3-mal in der Woche mit Shampoo die Haare waschen.

Das Abspülen des Haars sollte immer mit kühlem Wasser erfolgen, denn heißes Wasser lässt das Haar leblos und schlaff werden, während kühles Wasser das Haar gesund aussehen lässt.

Tipp

Um Ihre Haarpflege während des Waschvorgangs zu unterstützen, sollten Sie stets eine angenehme Kopfhautmassage durchführen. Damit können Sie sicher sein, dass die Nährstoffe, die Sie zuführen, besser aufgenommen werden. Gleichsam entfernen Sie damit auch Ablagerungen und überschüssige Öle, die sich nur durch eine Massage lösen.

Der Wechsel der Shampoos

Wenn Sie ein hochwertiges Shampoo oder ein Salonshampoo benutzen, wird Sie diese Nachricht wohl kaum interessieren. Doch das Wechseln des Shampoos ist stets eine gute Wahl. Denn jede Nutzung eines Shampoos hinterlässt eine Schicht des Shampoos und von dessen Nährstoffe auf dem Haar. Shampoos sind so konstruiert, dass diese viele Vorteile bieten, jedoch können die Nährstoffe durch die Schicht auf dem Haar und durch die mangelnde Abwechslung nicht richtig wirken. Durch die Abwechslung des Shampoos bleiben die Haare gesund und sauber, da sie dadurch verschiedene Nährstoffe aufnehmen können.

Wasser

Wasser ist der wichtigste Bestandteil. Sowohl für die Haut als auch für das Haar ist die Wahl des richtigen Wassers entscheidend. Gute Haarpflege funktioniert nur mit gutem Wasser. Hartes Wasser hat die Eigenschaft, einen hohen Grad an Kalk zu haben. Die Folge davon ist, dass die Shampoos bei hartem Wasser öfter als gewöhnlich gewechselt werden müssen.

Reiseshampoos

Für die Reise ist eine kleine Shampooverpackung besser als eine normale. Damit können Sie viel besser das Shampoo wechseln. Jedoch ist es noch einfacher, im Supermarkt des Zielortes Bananen, Milch und Co. zu kaufen. Diese Dinge müssen Sie nicht mit sich herumtragen und Ihr Haar wird die natürlichen Nährstoffe viel lieber mögen. Zur Reinigung eignet sich zudem auch Heilerde, die sowohl für die Haut als auch für das Haar sehr gut geeignet ist.

Aber auch Conditioner auf natürlicher Basis sind in der Lage, Verfilzungen zu verhindern, wenn Sie diese vor dem Ausspülen mit einem breitzinkigen Kamm durch das Haar kämmen.

Kämmen des Haars

Das Kämmen des Haares hat sehr viel mit Naturkosmetik zu tun, eben weil Naturkosmetik auch die natürliche Pflege durch einfache Schritte enthält. Wenn Sie Ihr Haar bürsten, entwirren Sie es vorher mit den Fingern. Danach können Sie vorsichtig bürsten, denn feuchtes Haar bricht sehr leicht, was durch das Ziehen des Haares sehr schnell geht.

Wissenswert

Wussten Sie, dass Medikamente Ihren Körper durch Ihre Haare verlassen? Wenn Sie Antibiotikum oder Ähnliches nehmen müssen, wird unweigerlich nicht nur Ihre Haut leiden, sondern auch Ihre Haare. Danach sind Ihre Haare etwas pflegebedürftiger als normal.

Gutes Bürsten ist wichtig

Je nach Dicke Ihrer Haare ist es notwendig, die richtige Bürste zu finden. Um gespaltene Enden zu verhindern, sollten Sie eine Holzbürste nutzen. Ebenso sollten Sie stets gut kämmen, um das Haar besser atmen zu lassen. Oft ist es besser, das Haar offen zu tragen, damit Ihr Haar gut atmen kann. Gleichsam kann Ihr Haar dadurch auch Sonne tanken. Vor allem beim Trocknen sollte Ihr Haar nicht gleich gebürstet werden und gut trocken, ohne die Nutzung des Föns. Bei störrischem Haar oder Naturlocken eignen sich auch Keramikbürsten mit Wildschweinborsten. Diese Bürsten machen das Haar glänzender und weniger kraus.

Ein sauberer Kamm oder eine saubere Bürste sind immer wichtig, das beugt Verfilzungen vor. Beginnen Sie beim Kämmen an den Spitzen. Volumen können Sie mit einem breitzinkigen Kamm erreichen. Gespaltene Enden und krauses Haar sind häufige Probleme, die die falsche Behandlung des Haares offenlegen. Insbesondere im Sommer leidet Ihr Haar durch Feuchtigkeit.

Empfindsamkeit des Haares prüfen

Naturkosmetik enthält das Wort „Natur". Und Natur ist die natürliche Pflege, dazu gehört auch, festzustellen, welche Stoffe Ihr Körper verträgt oder nicht. Allein dies ist schon ein Grund, um auf verschiedene Produkte und Stoffe aus der Küche zu wechseln. Damit können Sie Allergien und Empfindlichkeiten vermeiden und herausfinden, welche Produkte und Stoffe gut funktionieren. Jedoch kann sich auch später noch eine allergische Unverträglichkeit entwickeln, selbst, wenn Sie das Produkt viele Jahre gut vertragen hatten. Oftmals hat man mit billigeren Produkten große Schwierigkeiten. Oder aber Sie finden eine verborgene Lebensmittelallergie, die erst später herauskommt.

Weitere nützliche Handlungsweisen

Naturkosmetik ist eine tolle Alternative, die auf chemische, schädliche Stoffe verzichtet. Dazu sollten Sie auch immer Ihre Spitzen schneiden, spätestens alle 6 bis 8 Wochen. Damit können Sie gespaltene Spitzen loswerden. Conditioner sollten Sie einige Zeit unter dem Handtuch einwirken lassen. Zudem ist eine Planung von Ölbädern wie mit Olivenöl, Mandelöl oder Rizinusöl gut. Der Fön ist schädlich für Ihr Haar, da die hohen Temperaturen das Haar schwächen und ungesund machen. Genauso wie Sie profitiert Ihr Haar von einer guten Ernährung und braucht genauso Vitamine und Mineralstoffe. Gut geeignet ist vor allem Sesamöl, welches mit einem guten Kräutershampoo kombiniert werden sollte.

Naturkosmetik löst die industrielle Kosmetik ab

Naturkosmetik wird mittlerweile in vielen Produkten angeboten, da das Interesse immer stärker ansteigt. Immer mehr Hersteller haben den Vorteil und das Interesse wahrgenommen und liefern nun eine Bandbreite an Produkten. Dabei ist nicht immer klar, welche Produkte wirklich Naturprodukte sind, denn viele Inhaltsstoffe sind trotz allem künstlich, weil die Hersteller unter dem Kostendruck und unter dem Druck der Vorgaben die Produkte haltbar machen müssen. Die Natur ist jedoch nur bedingt haltbar und frische Produkte und Lebensmittel sind eine weit bessere Variante.

Naturkosmetik ist weit mehr als das Auftragen von Salben und Waschgels. Naturkosmetik geht tief in die Haut und pflegt auf natürliche Art und Weise. Kollagen wird natürlich aufgefüllt und der Abbau des vorhandenen Kollagens wird dadurch verzögert. Dazu helfen Lebensmittel und Naturprodukte, die dem pH-Wert der Haut helfen und diesen erhalten, statt ihn zu zerstören.

Das Gleichgewicht der Haut wird durch eine Ernährung und eine Hautpflege, die auf basisch-sauer Grundlage beruht, gehalten. Aber auch die richtigen Verhaltensweisen sind wichtig. Ihr Haar beispielsweise benötigt eine besondere Aufmerksamkeit, indem Sie die richtige Bürstentechnik, die richtige Waschtechnik und auch das richtige Trocknen des Haares beachten. Genauso wichtig für Ihre Haut ist es, Lebensmittel zu konsumieren, denn Ihre Haut als Ihr größtes Organ isst ebenso wie Sie. Damit können Sie sowohl innerlich als auch äußerlich Lebensmittel anwenden. Jedoch eignen sich nicht alle Lebensmittel dazu, äußerlich angewendet zu werden. Für die Zukunft der Naturkosmetik ist die Verwendung von Lebensmitteln, deren Reste vom Kochen noch verwendet werden können, eine tolle Alternative.

Damit fallen teure Kosten für Kosmetik weg, da die Haut natürlich schön ist und damit das übermäßige Auftragen von Make-up unnötig wird. Der Weg zur natürlichen Schönheit kann damit geebnet werden. Lebensmittelreste sind nicht schlecht. Nutzen Sie die Schönheitspflege der Natur.

Bonus: 50 Rezepte

GESICHTSMASKEN

1. Reinigende Lavendelmaske

Reinigt die Haut, erfrischt und revitalisiert.

Zutaten:

20 g weiße Tonerde
25 g gemahlene Mandeln
1 TL Lavendelhonig
20 Tropfen Rosenwasser
20 Tropfen ätherisches Lavendelöl
1 Msp. getrocknete Lavendelblüten

Zubereitung:

Die Tonerde, Mandeln und Lavendelblüten in eine Schale geben. Anschließend den Honig, das Rosenwasser und die ätherischen Öle mit den trockenen Zutaten vermischen. Der Honig muss komplett eingearbeitet werden. Bei Bedarf noch etwas Wasser hinzufügen. Die Mischung sollte jedoch relativ trocken sein. Die Maske in einem geschlossenen Behälter bei Raumtemperatur aufbewahren. Die Mischung hält ca. 2 Wochen.

Anwendung:

Eine haselnussgroße Menge in die Handfläche geben und mit etwas Wasser vermischen. Die Maske auftragen und ca. 10-15 Minuten einwirken lassen. Danach gründlich abspülen.

2. Gurken-Salbei-Maske

Strafft die Haut und vermindert Unreinheiten. Ein echter Frischekick.

Zutaten:

½ Gurke

1 Handvoll Salbeiblätter

2 Eiweiß

1 TL Zitronensaft

Zubereitung:

Die Gurke schälen und in kleine Würfel schneiden. Alle Zutaten in einen Mixer geben und zu einer cremigen Masse verrühren. Die Masse in ein Glas füllen. Am besten im Kühlschrank aufbewahren und zeitig aufbrauchen.

Anwendung:

Maske auf das Gesicht auftragen. Augen- und Mundpartie aussparen. Die Maske maximal 10 Minuten einwirken lassen und sorgfältig abwaschen. Danach die Gesichtspflege auftragen.

3. Avocado-Kakao-Maske

Diese Maske ist feuchtigkeitsspendend, wirkt hautberuhigend, antibakteriell und entzündungshemmend.

Zutaten:

½ Avocado
1 EL Honig
1 EL Kakao

Zubereitung:

Die Avocado zerdrücken und alles zusammen in einer Schüssel vermischen.

Anwendung:

Ungefähr 10 Minuten auf die trockene saubere Haut auftragen. Danach gründlich abspülen.

4. Feuchtigkeitsmaske

Spendet viel Feuchtigkeit und macht die Haut geschmeidig und weich.

Zutaten:

1 EL griechischer Joghurt

1 TL Honig

1 TL Haferflocken

Zubereitung:

Alle Zutaten vermengen.

Anwendung:

10-15 Minuten auf trockner sauberer Haut einwirken lassen. Anschließend mit lauwarmem Wasser abspülen.

5. Matcha-Maske

Wirkt entgiftend, regenerierend und entzündungshemmend. Diese Maske lässt sich in verschiedenen Varianten zubereiten.

Zutaten:

½ TL Matchapulver
1 EL Tonerde
20 Tropfen Aloe-Vera-Tropfen

Optional:

1 TL Honig
1 TL Kokosöl

Zubereitung:

Das Matchapulver mit der Tonerde und die Aloe-Vera-Tropfen zu einer glatten Masse verrühren. Die Maske sollte im Kühlschrank aufbewahrt werden und ist ca. 2 Wochen lang haltbar.

Anwendung:

Die Maske auf das saubere, feuchte Gesicht auftragen. Nach ca. 10 Minuten mit lauwarmem Wasser abspülen.

6. Aloe-Vera-Maske

Spendet Feuchtigkeit, macht die Haut weich und verleiht einen natürlichen „Glow“.

Zutaten:

2 EL Quark

1 EL Aloe-Vera-Gel

1 Prise Kurkuma

Zubereitung:

Alle Zutaten zu einer homogenen Maske vermischen.

Anwendung:

Auf das gereinigte Gesicht auftragen und 10-15 Minuten einwirken lassen.

7. Kurkuma-Maske

Lässt die Haut strahlen, wirkt entzündungshemmend und spendet Feuchtigkeit.

Zutaten:

½ TL Kurkuma

1 TL Backpulver

2 TL Rosenwasser

Zubereitung:

Zunächst das Backpulver und das Kurkumapulver vermischen. Anschließend das Rosenwasser hinzufügen. Alles verrühren bis eine glatte Masse entsteht.

Anwendung:

Die Maske auf das gereinigte Gesicht auftragen und 5 Minuten einwirken lassen. Anschließend die Maske noch ca. 2 Minuten mit den angefeuchteten Fingerspitzen einmassieren. Mit lauwarmem Wasser abspülen.

8. Schwarze Reinigungsmaske

Eine schwarze Maske, die porentief reinigt.

Zutaten:

1 EL Tonerde
1 TL Teebaumöl
½ TL Aktivkohle
1 TL Traubenkernöl
1 TL Pfefferminzwasser

Zubereitung:

Alle Zutaten zu einer Masse verrühren. Hier empfiehlt es sich, die Maske in größeren Mengen zuzubereiten, da sie mehrere Monate haltbar ist. Am besten in einen Pumpspender füllen.

Anwendung:

Die Maske kann auf das ganze Gesicht oder gezielt auf unreine Hautstellen aufgetragen werden. Je nach Bedarf zwischen 5 und 15 Minuten einwirken lassen. Mit viel lauwarmem Wasser abspülen.

9. Bananen-Honig-Maske

Bringt fahle Haut zum Strahlen.

Zutaten:

1 Banane

1 TL Honig

Zubereitung:

Die Banane und den Honig mit einem Pürierstab zu einer Masse vermengen.

Anwendung:

Die Maske auf das gereinigte Gesicht auftragen. Ca. 15 Minuten einwirken lassen. Danach mit lauwarmem Wasser abspülen. Anschließend noch einmal mit kaltem Wasser nachspülen.

10. Papaya-Maske

Bringt fahle Haut zum Strahlen, versorgt trockene Haut mit Feuchtigkeit und hinterlässt einen Frischekick.

Zutaten:

1 EL Papaya

1 EL griechischer Joghurt

1 TL Honig

1 TL Kokosöl

Zubereitung:

Das Fruchtfleisch der Papaya auslösen. Die Frucht mit griechischem Joghurt und Honig pürieren. Anschließend das Kokosöl hinzufügen.

Anwendung:

Die Masse auf das gereinigte Gesicht auftragen. Die Einwirkzeit beträgt ca. 15 Minuten. Danach mit lauwarmem Wasser abspülen.

GESICHT- UND KÖRPERPEELINGS

11. Kaffee-Peeling

Die Mischung mit Kaffee ist hautschonend und entfernt sanft abgestorbene Hautschüppchen und reinigt porentief.

Zutaten:

2 EL heißes Wasser

½ Tasse Kaffeesatz

1 EL lauwarmes Kokosöl

Zubereitung:

Vermischen Sie mit einem Löffel den Kaffeesatz mit dem warmen Wasser. Fügen Sie anschließend das Kokosöl hinzu. Um eine angenehme Konsistenz zu erzielen, kann noch mehr Flüssigkeit oder ÖL hinzugefügt werden.

Anwendung:

Das Peeling 1-2 Mal pro Woche auf das Gesicht oder andere Körperstellen auftragen. Sorgfältig mit kreisenden Bewegungen einmassieren. Danach mit lauwarmem Wasser sorgfältig abspülen.

12. Peeling aus braunem Zucker

Ein sensitives Peeling, das sich besonders für empfindliche und sensible Haut eignet.

Zutaten:

½ Tasse Öl (je nach Vorliebe Kokos-, Oliven- oder ein anderes Öl)
½ Tasse brauner Zucker
Auf Wunsch kann das Peeling auch mit einem ätherischen Öl verfeinert werden.

Zubereitung:

Den Zucker und das Öl zu einer Masse verrühren. Auf Wunsch ein paar Tropfen ätherisches Öl hinzugeben.

Anwendung:

Das Peeling 1-2 Mal pro Woche auf das Gesicht oder andere Körperstellen auftragen. Sorgfältig mit kreisenden Bewegungen einmassieren. Danach mit lauwarmem Wasser sorgfältig abspülen.

13. Meersalz-Peeling

Dieses klassische Peeling wirkt antibakteriell und reinigt die Haut gründlich. Ein Peeling auf Salzbasis ist jedoch nicht für empfindliche oder sensible Haut geeignet, da es zu abrasiv sein könnte.

Zutaten:

½ Tasse Öl (nach Wahl bspw.: Kokos-, Oliven- oder Mandelöl)
½ Tasse gemahlenes Meersalz (kein grobes Salz)
Für einen angenehmen Duft können ein paar Tropfen ätherisches Öl hinzugefügt werden.

Zubereitung:

Alle Zutaten in einer Schüssel verrühren, bis eine homogene Masse entsteht.

Anwendung:

Das Peeling 1-2 Mal pro Woche auf das Gesicht oder andere Körperstellen auftragen. Sorgfältig mit kreisenden Bewegungen einmassieren. Danach mit lauwarmem Wasser sorgfältig abspülen.

14. Grüntee-Peeling

Grüner Tee ist seit jeher für seine antioxidative Wirkung bekannt. Er wirkt entzündungshemmend und hilft der Haut bei der täglichen Regeneration.

Zutaten:

½ Tasse heißes Wasser

2 Teebeutel grüner Tee

1 Tasse brauner Zucker

2 EL Kokosöl

Zubereitung:

Den grünen Tee wie gewohnt kochen und abkühlen lassen. Währenddessen den Zucker mit dem Kokosöl vermischen. Die Zuckermischung mit dem Kokosöl erst in den grünen Tee geben, wenn dieser vollständig abgekühlt ist. Alles zu einer Masse vermengen. Bei Bedarf noch Öl oder Zucker hinzufügen.

Anwendung:

Das Peeling 1-2 Mal pro Woche auf das Gesicht oder andere Körperstellen auftragen. Sorgfältig mit kreisenden Bewegungen einmassieren. Danach mit lauwarmem Wasser sorgfältig abspülen.

15. Honig-Peeling

Honig wird antioxidativ und antibakteriell. Er hilft die Haut zu reparieren und vor schädlichen Umwelteinflüssen zu schützen.

Zutaten:

2 EL Honig

½ Tasse brauner Zucker

3 EL Kokosöl

Zubereitung:

Den Zucker mit dem Honig und dem Kokosöl in einer Schüssel verrühren. Falls die Konsistenz zu klumpig ist, können Sie noch Kokosöl hinzufügen.

Anwendung:

Das Peeling 1-2 Mal pro Woche auf das Gesicht oder andere Körperstellen auftragen. Sorgfältig mit kreisenden Bewegungen einmassieren. Danach mit lauwarmem Wasser sorgfältig abspülen.

16. Anti-Aging-Peeling mit Erdbeeren

Dieses Peeling eignet sich besonders für reifere Haut. Es ist reich an Antioxidantien und Vitamin C, beugt vorzeitiger Hautalterung vor, regt die Kollagenproduktion an und schützt vor äußeren Umwelteinflüssen.

Zutaten:

1 Tasse Rohzucker

4 Erdbeeren

2 EL gemahlener Hafer

2 EL Kokosöl

Zubereitung:

Die Erdbeeren mit einer Gabel zerdrücken. Anschließend mit dem Zucker, dem gemahlenen Hafer und dem Kokosöl vermischen.

Anwendung:

Das Peeling 1-2 Mal pro Woche auf das Gesicht oder andere Körperstellen auftragen. Sorgfältig mit kreisenden Bewegungen einmassieren. Danach mit lauwarmem Wasser sorgfältig abspülen.

17. Reinigendes Peeling mit Kichererbsen

Das Peeling mit Kichererbsen reinigt die Haut sanft. Es wirkt antibakteriell und eignet sich gut für zu Unreinheiten neigender Haut.

Zutaten:

1 Tasse Kichererbsenmehl
1 EL getrocknete Pfefferminze
2 EL Apfelessig
10 Tropfen Teebaumöl

Zubereitung:

Alle Zutaten zu einer Masse vermischen. Je nach Konsistenz noch mehr Flüssigkeit hinzugeben.

Anwendung:

Das Peeling 1-2 Mal pro Woche auf das Gesicht oder andere Körperstellen auftragen. Sorgfältig mit kreisenden Bewegungen einmassieren. Danach mit lauwarmem Wasser sorgfältig abspülen.

18. Straffendes Peeling

Dieses Peeling spendet Feuchtigkeit und reduziert Schwellungen sowie Rötungen. Daher ist es auch besonders für sensible Haut geeignet. Die Haut wird geglättet und vor umweltbedingten Einflüssen geschützt.

Zutaten:

1 Tasse brauner Zucker

3 EL Kokosöl

1 EL getrockneter Lavendel

1 EL Wacholderbeeren

10 Tropfen ätherisches Grapefruitöl

Zubereitung:

Die Wacholderbeeren grob zerkleinern. Danach mit dem Kokosöl, Zucker, Lavendel und der Grapefruit vermischen. Falls die Konsistenz zu trocken ist, noch mehr Kokosöl hinzufügen.

Anwendung:

Das Peeling 1-2 Mal pro Woche auf das Gesicht oder andere Körperstellen auftragen. Sorgfältig mit kreisenden Bewegungen einmassieren. Danach mit lauwarmem Wasser sorgfältig abspülen.

19. Vitalisierendes Peeling

Dieses Peeling erfrischt und pflegt die Haut. Es verleiht einen Frischekick und lässt die Haut mit einem Glow erstrahlen.

Zutaten:

½ Tasse Zucker
½ fein gemahlenes Meersalz
3 EL Sonnenblumenöl
2 EL pürierte Papaya
10 Tropfen ätherischen Öl (nach Wahl)

Zubereitung:

Alle Zutaten in einer Schale zu einer homogenen Masse verrühren.

Anwendung:

Das Peeling 1-2 Mal pro Woche auf das Gesicht oder andere Körperstellen auftragen. Sorgfältig mit kreisenden Bewegungen einmassieren. Danach mit lauwarmem Wasser sorgfältig abspülen.

20. Joghurt-Peeling

Besonders geeignet für gereizte Haut. Wirkt beruhigend und reguliert den pH-Wert.

Zutaten:

3 EL Kefir

3 EL Maismehl

3 Tropfen ätherisches Öl (nach Wahl)

Zubereitung:

Alle Zutaten in einer Schale zu einer homogenen Masse verrühren.

Anwendung:

Das Peeling 1-2 Mal pro Woche auf das Gesicht oder andere Körperstellen auftragen. Sorgfältig mit kreisenden Bewegungen einmassieren. Danach mit lauwarmem Wasser sorgfältig abspülen.

CREMES & LOTIONS

21. Creme für sensible Haut

Eine selbstgemachte Creme für sensible und empfindliche Haut.

Zutaten:

3 EL Aprikosenkernöl

3 EL Sheabutter

1 TL Vitamin E

1 TL Aloe Vera

10 Tropfen ätherisches ÖL (nach Wahl)

Zubereitung:

Die Sheabutter in eine Schüssel geben und mit einem Stabmixer oder Schneebesen aufschlagen. Danach das Aprikosenkernöl, Vitamine E, Aloe Vera und das ätherische Öl hinzugeben und alles vermengen.

Die Creme am besten in einem Pumpspender aufbewahren, um sie vor Keimen und Bakterien zu schützen. Kühl und trocken lagern und vor direkter Sonneneinstrahlung schützen. Die Haltbarkeit beträgt ca. 6-12 Monate.

Anwendung:

Täglich auf das gereinigte Gesicht auftragen und mit kreisenden Bewegungen einmassieren.

22. Gesichtscreme mit Bienenwachs

Eine feuchtigkeitsspendende Pflege mit Bienenwachs und Aloe Vera.

Zutaten:

1 Tasse Aloe-Vera-Gel

25 g Bienenwachs

4 EL Kokosöl

4 EL Mandelöl

10 Tropfen ätherisches Öl (nach Wahl)

Zubereitung:

Das Bienenwachs zusammen mit dem Kokos- und Mandelöl in einem Wasserbad schmelzen. Alles abkühlen lassen und die Öl-Wachsmischung in einen Mixer geben. Den Mixer starten und langsam das Aloe-Vera-Gel sowie die ätherischen Öle hinzufügen. Dadurch entsteht eine cremige Lotion.

Die Creme am besten in einem Pumpspender aufbewahren, um sie vor Keimen und Bakterien zu schützen. Die Creme sollte im Kühlschrank aufbewahrt werden. Mit sterilen Küchenutensilien kann die Haltbarkeit ca. 3 Monate betragen.

Anwendung:

Täglich auf das gereinigte Gesicht auftragen und mit kreisenden Bewegungen einmassieren.

23. Schnelle Feuchtigkeitscreme

Diese schnelle Creme spendet Feuchtigkeit und besteht aus lediglich zwei Zutaten. Die Lotion eignet sich für alle Hauttypen.

Zutaten:

4 EL Kokosöl (alternativ: Shea- oder Kakaobutter)
10 Tropfen ätherisches Öl (nach Wahl)

Zubereitung:

Das Kokosöl schmelzen lassen. Danach das ätherische Öl hinzufügen. Die Mixtur in einen Behälter oder Pumpspender füllen, bis alles ausgehärtet ist.
Die Creme am besten in einem Pumpspender aufbewahren, um sie vor Keimen und Bakterien zu schützen. Kühl und trocken lagern und vor direkter Sonneneinstrahlung schützen. Die Haltbarkeit beträgt mindestens 3 Monate.

Anwendung:

Täglich auf das gereinigte Gesicht auftragen und mit kreisenden Bewegungen einmassieren.

24. Sheabutter-Lotion

Eine Creme die intensive Feuchtigkeit spendet.

Zutaten:

1 EL Sheabutter

1 EL geriebenes Bienenwachs

½ Tasse Öl (nach Wahl bspw.: Avocado, Aprikosenkern- oder Olivenöl)

10 EL Wasser

Zubereitung:

Das Wasser zum Kochen bringen und danach leicht abkühlen lassen. Die Sheabutter mit dem Bienenwachs über einem Wasserbad schmelzen. Im Anschluss das Öl hinzugeben. Die Mischung und das Wasser zusammen in eine Schüssel geben und mit einem Stabmixer zu einer Masse vermischen. Alles bei Raumtemperatur abkühlen lassen und gelegentlich umrühren, um eine Trennung des Öls zu vermeiden.

Die Creme am besten in einem Pumpspender aufbewahren, um sie vor Keimen und Bakterien zu schützen. Kühl und trocken lagern und vor direkter Sonneneinstrahlung schützen.

Anwendung:

Täglich auf das gereinigte Gesicht auftragen und mit kreisenden Bewegungen einmassieren.

25. Olivenöl-Feuchtigkeitscreme

Diese Gesichtscreme spendet besonders beanspruchter Haut viel Feuchtigkeit.

Zutaten:

5 EL Olivenöl
2 EL Kokosöl
1 TL Vitamin-E-Öl
2 EL Bienenwachs

Zubereitung:

Das Bienenwachs mit einer Reibe zerkleinern. Das Bienenwachs mit dem Oliven-, dem Kokos- und dem Vitamin-E-Öl in ein Glas geben. Den Inhalt im Glas im Wasserbad erhitzen. Danach abkühlen lassen.
Die Creme am besten in einem Pumpspender aufbewahren, um sie vor Keimen und Bakterien zu schützen. Kühl und trocken lagern und vor direkter Sonneneinstrahlung schützen.

Anwendung:

Täglich auf das gereinigte Gesicht auftragen und mit kreisenden Bewegungen einmassieren.

26. Vitamin-E-Creme

Vitamin E versorgt die Haut mit Feuchtigkeit, verbessert die Elastizität und Spannkraft. Hilft bei Falten und Augenringen.

Zutaten:

4 EL Kokosöl

3 EL Kakaobutter

1 TL Vitamin E

4 Tropfen ätherisches Öl (nach Wahl)

Zubereitung:

Das Kokosöl mit der Kakaobutter im Wasserbad schmelzen. Beides etwas abkühlen lassen. Dann das ätherische Öl und das Vitamin E hinzufügen. Alles in eine Schüssel geben. Die Masse 1 Stunde lang in den Kühlschrank stellen. Danach alles gründlich verrühren, bis eine cremige Masse entsteht. Zum Schluss noch einmal für 30 Minuten in den Kühlschrank stellen.

Die Creme am besten in einem Pumpspender aufbewahren, um sie vor Keimen und Bakterien zu schützen. Kühl und trocken lagern und vor direkter Sonneneinstrahlung schützen.

Anwendung:

Täglich auf das gereinigte Gesicht auftragen und mit kreisenden Bewegungen einmassieren. Am besten nachts auftragen.

27. Grüner-Tee-Lotion

Grüner Tee ist ein wahrer Alleskönner. In erster Linie wirkt er antioxidativ und schützt die Haut vor Umwelteinflüssen, Sonnenschäden und freien Radikalen. Zudem wirkt Grüner Tee positiv bei Falten und hat bei unreiner Haut eine antibakterielle Wirkung.

Zutaten:

1 Tasse Kokosöl

2 EL loser grüner Tee

Zubereitung:

Das Kokosöl im Wasserbad schmelzen. Den grünen Tee einrühren und das Öl zugedeckt bei mittlerer Hitze 1 Stunde köcheln lassen. Danach den Tee abseihen. Wenn alles abgekühlt ist, die Masse mit einem Schneebesen cremig rühren.

Die Creme am besten in einem Pumpspender aufbewahren, um sie vor Keimen und Bakterien zu schützen. Kühl und trocken lagern und vor direkter Sonneneinstrahlung schützen. Die Creme ist ca. 6 Monate haltbar.

Anwendung:

Täglich auf das gereinigte Gesicht auftragen und mit kreisenden Bewegungen einmassieren.

28. Hibiskus-Gesichtscreme

Eine feuchtigkeitsspendende Creme, die glättend und antioxidativ wirkt.

Zutaten:

1 Tasse Kokosöl

2 EL Hibiskus Tee (lose)

Zubereitung:

Das Kokosöl im Wasserbad schmelzen. Den Tee hinzufügen und bei niedriger Stufe ca. 1 Stunde köcheln lassen. Danach den Tee abseihen. Das Öl abkühlen lassen. Anschließend mit einem Mixer 3-5 Minuten aufschlagen, bis eine cremige Masse entsteht.

Die Creme am besten in einem Pumpspender aufbewahren, um sie vor Keimen und Bakterien zu schützen. Kühl und trocken lagern und vor direkter Sonneneinstrahlung schützen. Die Creme ist ca. 6 Monate haltbar.

Anwendung:

Täglich auf das gereinigte Gesicht auftragen und mit kreisenden Bewegungen einmassieren.

29. Aloe-Vera-Gelcreme

Diese Aloe-Vera-Creme hat eine leichte Textur. Sie spendet Feuchtigkeit und wirkt antibakteriell.

Zutaten:

½ Tasse destilliertes Wasser
2 EL Hamamelis
3 EL Aloe-Vera-Gel
3 Tropfen ätherisches Rosmarinöl
3 Tropfen ätherisches Rosenöl
3 Tropfen ätherisches Kamillenöl

Zubereitung:

Das destillierte Wasser, Aloe-Vera-Gel, Hamamelis und die ätherischen Öle vermischen und gut verrühren. Kann auch als Toner verwendet werden.
Die Creme am besten in einem Pumpspender aufbewahren, um sie vor Keimen und Bakterien zu schützen. Kühl und trocken lagern und vor direkter Sonneneinstrahlung schützen.

Anwendung:

Täglich auf das gereinigte Gesicht auftragen und mit kreisenden Bewegungen einmassieren. Vor Gebrauch schütteln!

30. Handcreme

Diese Creme pflegt die Hände und spendet viel Feuchtigkeit. Besonders gut für den Winter.

Zutaten:

2 TL Sheabutter

2 TL Bienenwachs

2 TL Kakaobutter

1 TL Mandelöl

15 Tropfen ätherisches Öl (nach Wahl)

Zubereitung:

Die Kakaobutter, das Bienenwachs, die Sheabutter und das Mandelöl in eine Schale geben. Den Inhalt entweder im Wasserbad oder in der Mikrowelle schmelzen lassen. Anschließend das oder die ätherischen Öle hinzugeben. Danach die Mischung für 10 Minuten in den Kühlschrank stellen und gut umrühren. Bei Raumtemperatur abfüllen.

Die Creme am besten in einem Pumpspender aufbewahren, um sie vor Keimen und Bakterien zu schützen. Kühl und trocken lagern und vor direkter Sonneneinstrahlung schützen.

Anwendung:

Bei Bedarf auf die trockenen Stellen auftragen und in kreisenden Bewegungen einmassieren.

31. Reichhaltige Körperbutter

Diese Bodylotion ist extrem reichhaltig und eignet sich gut für sehr trockene Haut.

Zutaten:

5 EL Kokosöl

5 EL Sheabutter

2 TL Mandelöl

20 Tropfen ätherisches Öl (nach Wahl)

Zubereitung:

Das Kokosöl mit der Sheabutter und dem Mandelöl im Wasserbad schmelzen. Der Ölmischung die ätherischen Öle hinzufügen. Anschließend abkühlen lassen. Wenn alles abgekühlt und nicht zu hart ist, die Masse mit einem Mixer zu einer Creme aufschlagen.

Die Creme am besten in einem Pumpspender aufbewahren, um sie vor Keimen und Bakterien zu schützen. Kühl und trocken lagern und vor direkter Sonneneinstrahlung schützen.

Anwendung:

Nach Bedarf in kreisenden Bewegungen auf die Haut auftragen und einmassieren.

32. Mango-Körperbutter

Diese Creme spendet viel Feuchtigkeit, wirkt straffend und belebend.

Zutaten:

½ Tasse Mangobutter

1 Tasse Sheabutter

½ Mandelöl

20 Tropfen ätherisches Mango Öl

Zubereitung:

Die Mangobutter mit der Sheabutter im Wasserbad schmelzen. Danach das Mandelöl und das ätherische Mango-Öl hinzufügen. Die Mixtur leicht verrühren und ca. 20 Minuten im Kühlschrank abkühlen lassen. Danach die Masse mit einem Mixer ein paar Minuten aufschlagen bis eine cremige Lotion entsteht.

Die Creme am besten in einem Pumpspender aufbewahren, um sie vor Keimen und Bakterien zu schützen. Kühl und trocken lagern und vor direkter Sonneneinstrahlung schützen. Die Haltbarkeit beträgt 4-6 Monate.

Anwendung:

Nach Bedarf in kreisenden Bewegungen auf die Haut auftragen und einmassieren.

33. Revitalisierende Gesichtscreme

Diese Creme mit Apfel revitalisiert und erfrischt die Haut. Sie verleiht einen herrlichen Glow für einen strahlenden Teint.

Zutaten:

2 Äpfel

1 EL Olivenöl

5 TL Rosenwasser

Zubereitung:

Die Äpfel entkernen und zusammen mit dem Olivenöl in einen Mixer geben. Anschließend in einen Topf füllen und die Masse mit niedriger Temperatur unter Zugabe des Rosenwassers ca. 1 Stunde lang köcheln lassen. Die Masse umrühren und abfüllen.

Die Creme am besten in einem Pumpspender aufbewahren, um sie vor Keimen und Bakterien zu schützen. Kühl und trocken lagern und vor direkter Sonneneinstrahlung schützen.

Anwendung:

Täglich auf das gereinigte Gesicht auftragen und mit kreisenden Bewegungen einmassieren.

34. Sanfte Bodylotion

Diese Bodylotion versorgt die Haut mit Feuchtigkeit und wirkt straffend.

Zutaten:

160 g Mandelöl
40 g Mandelbutter
8 g Bienenwachs
15 g Kakaobutter
1 TL Vitamin-E-Öl
20 Tropfen ätherisches Öl (nach Wahl)
220 g Rosenwasser (alternativ: destilliertes Wasser)

Zubereitung:

Das Mandelöl, die Mandelbutter, das Bienenwachs und die Kakaobutter in einer Schüssel im Wasserbad schmelzen. Die Mischung abkühlen lassen, bis sie Raumtemperatur erreicht hat. Danach das Vitamin-E-Öl und die ätherischen Öle hinzugeben. Alles mit einem Mixer verrühren. Anschließend das Rosen- oder destillierte Wasser hinzugeben und noch einmal mit dem Mixer verquirlen. Danach abfüllen.

Die Creme am besten in einem Pumpspender aufbewahren, um sie vor Keimen und Bakterien zu schützen. Kühl und trocken lagern und vor direkter Sonneneinstrahlung schützen.

Anwendung:

Nach Bedarf in kreisenden Bewegungen auf die Haut auftragen und einmassieren.

35. Tagescreme für unreine Haut

Diese Creme eignet sich besonders bei Akne oder bei zu Unreinheiten neigender Haut.

Zutaten:

10 g Sonnenblumenöl
5 g Hanföl
5 g Arganöl
5 g Sheabutter
5 g Hagebutten-Öl
25 g Rosenwasser
40 g destilliertes Wasser
5 g Olivenöl

Zubereitung:

Das destillierte Wasser mit dem Rosenwasser und der Sheabutter im Wasserbad erhitzen. Die Mischung kurz abkühlen lassen. Anschließen die ätherischen Öle hinzufügen und alles schaumig aufschlagen.
Die Creme am besten in einem Pumpspender aufbewahren, um sie vor Keimen und Bakterien zu schützen. Kühl und trocken lagern und vor direkter Sonneneinstrahlung schützen.

Anwendung:

Täglich auf das gereinigte Gesicht auftragen und mit kreisenden Bewegungen einmassieren.

BADESALZ

36. Lavendel-Badesalz

Zutaten: (für 2 Vollbäder)

2 Tassen Bittersalz

25 ml Lavendelöl

Lavendelblätter oder Zweige

Zubereitung:

Das Bittersalz in ein verschließbares Glasgefäß füllen. Das Lavendelöl mit einem Löffel einrühren. Damit das Badesalz aromatisch nach Lavendel riecht ein paar Lavendelzweige oder Blätter hinzufügen.

Optional kann das Badesalz noch mit Seifenfarbe eingefärbt werden.

Anwendung:

Das Badesalz vor Verwendung noch einmal umrühren. 1 Tasse in das einlaufende Badewasser geben. Blätter, Zweige oder Blüten vorher entfernen. Diese dienen nur zum Aromatisieren.

37. Eukalyptus-Badesalz mit Vanille

Zutaten:

1 Tasse Bittersalz

8 Tropfen ätherisches Vanille-Öl

3 Tropfen ätherisches Eukalyptus-Öl

Zubereitung:

Das Bittersalz mit den ätherischen Ölen verrühren und in einen Glasbehälter füllen.

Optional kann das Badesalz noch mit Seifenfarbe eingefärbt werden.

Anwendung:

Das Badesalz vor Verwendung noch einmal umrühren. 1 Löffel in das einlaufende Badewasser geben.

38. Badesalz mit Rosmarin

Zutaten:

2 Tassen Bittersalz

2 Teelöffel Backpulver

4 Tropfen ätherisches Rosmarin-Öl

Zubereitung:

Das Bittersalz mit dem Backpulver in eine Schüssel geben. Anschließend das ätherische Öl hinzufügen und alles umrühren. Das Badesalz in einen verschließbaren Glasbehälter füllen.

Optional kann das Badesalz noch mit Seifenfarbe eingefärbt werden.

Anwendung:

Das Badesalz vor Verwendung noch einmal umrühren. 1 Löffel in das einlaufende Badewasser geben.

39. Milchbad mit Rosen

Zutaten:

1 ½ Tassen Vollmilchpulver

½ Tasse Bittersalz

1 Handvoll getrocknete Rosenblätter

6 Tropfen ätherisches Rosenöl

Zubereitung:

Das Milchpulver mit dem Bittersalz vermischen. Danach die Rosenblätter und das Rosenöl hinzufügen und alles umrühren.

Das Badesalz in einen verschließbaren Glasbehälter füllen.

Optional kann das Badesalz noch mit Seifenfarbe eingefärbt werden.

Anwendung:

Das Badesalz vor Verwendung noch einmal umrühren. 1 Löffel in das einlaufende Badewasser geben. Die Blüten vorher entfernen. Diese dienen nur zum Aromatisieren.

40. Honig & Mandel-Badesalz

Zutaten:

2 Tassen Bittersalz
1 Tasse Meersalz
2 TL Backpulver
5 Tropfen ätherisches Mandel-Öl
5 Tropfen ätherisches Honig-Öl

Zubereitung:

Das Bittersalz mit dem Backpulver und dem Meersalz in eine Schüssel geben. Anschließend die ätherischen Öle hinzufügen und alles umrühren.
Das Badesalz in einen verschließbaren Glasbehälter füllen.
Optional kann das Badesalz noch mit Seifenfarbe eingefärbt werden.

Anwendung:

Das Badesalz vor Verwendung noch einmal umrühren. 1 Löffel in das einlaufende Badewasser geben.

41. Erfrischend minziges Badesalz

Zubereitung:

2 Tassen Bittersalz

Getrocknete & gewürfelte Minze

1 Limette

5 Tropfen ätherisches Pfefferminzöl

Zutaten:

Das Salz mit der Minze vermischen. Den Saft und den Abrieb einer Limette hinzufügen. In Anschluss das ätherische Öl hinzufügen und verrühren. Das Badesalz in einen verschließbaren Glasbehälter füllen. Optional kann das Badesalz noch mit Seifenfarbe eingefärbt werden.

Anwendung:

Das Badesalz vor Verwendung noch einmal umrühren. 1 Löffel in das einlaufende Badewasser geben. Blätter, Zweige oder Blüten vorher entfernen. Diese dienen nur zum Aromatisieren.

42. Orangen-Badesalz

Zutaten:

1 Tasse Bittersalz

1 TL Glycerin

1 TL Orangenextrakt

1 TL Vanilleextrakt

Zubereitung:

Das Salz mit dem Glycerin miteinander gut vermischen. In Anschluss die Extrakte hinzufügen und verrühren. Das Badesalz in einen verschließbaren Glasbehälter füllen.

Optional kann das Badesalz noch mit Seifenfarbe eingefärbt werden.

Anwendung:

Das Badesalz vor Verwendung noch einmal umrühren. 1 Löffel in das einlaufende Badewasser geben.

43. Grapefruit-Badesalz

Zutaten:

1 Tasse Meersalz

4 Tropfen ätherisches Grapefruit-ÖL

Zubereitung:

Das Meersalz mit dem ätherischen Öl vermischen. Das Badesalz in einen verschließbaren Glasbehälter füllen.

Optional kann das Badesalz noch mit Seifenfarbe eingefärbt werden.

Anwendung:

Das Badesalz vor Verwendung noch einmal umrühren. 1 Löffel in das einlaufende Badewasser geben.

44. Schmerzstillendes Badesalz

Zutaten:

2 Tassen Bittersalz
1 Beutel Backpulver
10 Tropfen ätherisches Pfefferminzöl
5 Tropfen ätherisches Eukalyptusöl
5 Tropfen ätherisches Rosmarinöl
5 Tropfen ätherisches Lavendelöl
5 Tropfen ätherisches Zimtöl

Zubereitung:

Das Bittersalz mit dem Backpulver in einer Schüssel vermischen. Anschließend die ätherischen Öle hinzufügen und alles umrühren. Das Badesalz in einen verschließbaren Glasbehälter füllen. Optional kann das Badesalz noch mit Seifenfarbe eingefärbt werden.

Anwendung:

Das Badesalz vor Verwendung noch einmal umrühren. 1 Löffel in das einlaufende Badewasser geben.

45. Feuchtigkeitsspendendes Badesalz

Zutaten:

2 EL Bittersalz

30 g Haferkleie

2 EL getrocknete Kamille

1 EL Kokosöl

5 Tropfen ätherisches Öl (nach Wahl)

Zubereitung:

Das Bittersalz mit der Haferkleie und der getrockneten Kamille vermischen. Danach das Kokosöl sowie die ätherischen Öle hinzufügen. Das Badesalz in einen verschließbaren Glasbehälter füllen. Optional kann das Badesalz noch mit Seifenfarbe eingefärbt werden.

Anwendung:

Das Badesalz vor Verwendung noch einmal umrühren. 1 Löffel in das einlaufende Badewasser geben. Blätter, Zweige oder Blüten vorher entfernen. Diese dienen nur zum Aromatisieren.

LIPPENPFLEGE

46. Rosen-Lippenpflege

Zutaten:

1 EL Bienenwachs

3 EL Rosenöl

1 EL Kakaobutter

1 TL Rizinusöl

1 TL Vanilleextrakt

½ TL Alkannawurzelpulver

Zubereitung:

Das Bienenwachs schmelzen. Das Rosenöl, die Kakaobutter und das Rizinusöl hinzugeben. Für den Duft das Vanilleextrakt hinzumischen. Das Alkannawurzelpulver verleiht eine natürliche Farbe. Die Mischung bei Zimmertemperatur abkühlen lassen und in einen passenden Behälter füllen. Den Balm im Kühlschrank aushärten lassen.

Anwendung:

Nach Bedarf auf die Lippen auftragen und einmassieren.

47. Sheabutter-Lippenpflege

Zutaten:

1 EL Sheabutter

1 EL Bienenwachs

1 EL Kokosöl

1 TL Honig

5 Tropfen ätherisches Öl (nach Wahl)

Zubereitung:

Die Sheabutter, das Bienenwachs und das Kokosöl im Wasserbad schmelzen. Danach den Honig und das ätherische Öl hinzugeben. Alles abkühlen lassen und in passende Gefäße umfüllen.

Anwendung:

Nach Bedarf auf die Lippen auftragen und einmassieren.

48. Grapefruit-Lippenpflege

Zutaten:
1 EL Sheabutter
1 EL Bienenwachs
1 EL Rizinusöl
2 EL Kokosöl
5 Tropfen ätherisches Grapefruit-Öl
1 Prise Rote Beete-Pulver (für die Farbe)

Zubereitung:
Die Sheabutter, das Rizinusöl, das Kokosöl und das Bienenwachs im Wasserbad schmelzen. Anschließend das ätherische Öl hinzufügen. Optional kann der Lip Balm mit Rote Beete-Pulver eingefärbt werden. Die Masse bei Zimmertemperatur abkühlen lassen und in einen passenden Behälter geben.

Anwendung:
Nach Bedarf auf die Lippen auftragen und einmassieren.

49. Vanille-Orangen-Lippenpflege

Zutaten:

1 EL Olivenöl

1 EL Kokosöl

1 TL Bienenwachs

2 TL Sheabutter

8 Tropfen ätherisches Orangenöl

3 Tropfen Vanilleextrakt

Zubereitung:

Die Sheabutter und das Bienenwachs im Wasserbad schmelzen lassen. Anschließend die Öle hinzufügen. Die Masse bei Zimmertemperatur abkühlen lassen und in ein passendes Gefäß füllen.

Anwendung:

Nach Bedarf auf die Lippen auftragen und einmassieren.

50. Lippenpflege mit Minze und Schokolade

Zutaten:

2 TL Bienenwachs

2 TL süßes Mandelöl

1 TL Kakaopulver

5 Tropfen ätherisches Pfefferminzöl

Zubereitung:

Das Bienenwachs im Wasserbad oder in der Mikrowelle schmelzen. Das Kakaopulver sowie das Mandelöl und das ätherische Pfefferminzöl unterrühren. Die Masse bei Zimmertemperatur abkühlen lassen und in einen geeigneten Behälter füllen.

Anwendung:

Nach Bedarf auf die Lippen auftragen und einmassieren.

Quellenverzeichnis

vgl. https://www.eucerin.de/beratung/die-haut-grundlagen/aufbau-und-funktion-der-haut

vgl. https://www.mylife.de/thema/beauty/hautpflege/haut-im-alter

vgl. https://www.apotheken-umschau.de/Haut/Vermehrt-lichtempfindliche-Haut-Ursachen-und-Hilfen-537051.html

vgl. https://www.bfs.de/DE/themen/opt/uv/wirkung/hauttypen/hauttypen_node.html

vgl. Deutsche Haut,- und Allergiehilfe e. V.

vgl. https://www.ecco-verde.de/info/beauty-blog/basische-oder-ph-neutrale-hautpflege

vgl. https://utopia.de/ratgeber/essig-selber-machen-einfache-anleitung-mit-und-ohne-essigmutter/

Impressum

Herausgeber: Pegoa Global Media GmbH / Am Sandtorkai 27 / 20457 Hamburg
Kontakt: kontakt@pegoamedia.de
Coverbild: Shutterstock

Haftungsausschluss:
Die Nutzung dieses Buches und die Umsetzung der enthaltenen Informationen, Anleitungen und Strategien erfolgt auf eigenes Risiko. Der Autor kann für etwaige Schäden jeglicher Art aus keinem Rechtsgrund eine Haftung übernehmen. Haftungsansprüche gegen den Autor für Schäden materieller oder ideeller Art, die durch die Nutzung oder Nichtnutzung der Informationen bzw. durch die Nutzung fehlerhafter und/oder unvollständiger Informationen verursacht wurden, sind grundsätzlich ausgeschlossen. Rechts- und Schadenersatzansprüche sind daher ausgeschlossen. Dieses Werk wurde sorgfältig erarbeitet und niedergeschrieben. Der Autor übernimmt jedoch keinerlei Gewähr für die Aktualität, Vollständigkeit und Qualität der Informationen. Druckfehler und Falschinformationen können nicht vollständig ausgeschlossen werden. Es kann keine juristische Verantwortung sowie Haftung in irgendeiner Form für fehlerhafte Angaben vom Autor übernommen werden. Die bereitgestellten Analysen, Vorschläge, Ideen, Meinungen, Kommentare und Texte sind ausschließlich zur Information bestimmt und können ein individuelles Beratungsgespräch nicht ersetzen. Alle Informationen dieses Buches entsprechen dem Kenntnisstand zum Zeitpunkt des Verfassens dieses Buches. Eine Haftung für mittelbare und unmittelbare Folgen aus den Informationen dieses Buches ist somit ausgeschlossen.
Informieren Sie sich weitläufig aus unterschiedlichen Quellen und bedenken Sie, dass am Ende nur Sie für die Entscheidungen verantwortlich sind.

Haftung für externe Links:
Unser Angebot enthält Links zu externen Websites Dritter, auf deren Inhalte wir keinen Einfluss haben. Deshalb können wir für diese fremden Inhalte auch keine Gewähr übernehmen. Für die Inhalte der verlinkten Seiten ist stets der jeweilige Anbieter oder Betreiber der Seiten verantwortlich. Die verlinkten Seiten wurden zum Zeitpunkt der Verlinkung auf mögliche Rechtsverstöße überprüft. Rechtswidrige Inhalte waren zum Zeit-punkt der Verlinkung nicht erkennbar.

Wir danken Ihnen für Ihr Interesse und Ihr Vertrauen. Als Dankeschön dafür, haben wir eine besondere Überraschung. Wir haben **Ayurveda und Yoga: Eine Synergie der Heilung inklusive 10 Rezepte**, nur für Sie. Und diese erhalten Sie vollkommen kostenlos. Das klingt wunderbar? Dann warten Sie nicht lange und holen Sie sich Ihr Gratis-Geschenk.

Hier geht es zu Ihrem Gratis-Geschenk:

https://forms.gle/K8uLusR34b5LfrM99

1. **Öffnen Sie die Kamera-App auf Ihrem Smartphone und richten Sie die Kamera auf den QR-Code.**
2. **Klicken Sie auf den Link, der Ihnen angezeigt wird und schon werden Sie zur Website weitergeleitet.**